“一致性”视域下的
结构化教学探索

黄淑冬 ◎ 编著

湘潭大学出版社
XIANGTAN UNIVERSITY PRESS

图书在版编目（CIP）数据

“一致性”视域下的结构化教学探索 / 黄淑冬编著.
湘潭 : 湘潭大学出版社, 2024. 12. -- ISBN 978-7
-5687-1686-4
Ⅰ. G623.502
中国国家版本馆 CIP 数据核字第 2025875FC8 号

“一致性”视域下的结构化教学探索

“YIZHIXING” SHIYU XIA DE JIEGOUHUA JIAOXUE TANSUO

黄淑冬 编著

策划编辑： 肖 萑
责任编辑： 肖 萑
封面设计： 张博雅
出版发行： 湘潭大学出版社
社 址： 湖南省湘潭大学工程训练大楼
电 话： 0731-58298960 0731-58298966（传真）
邮 编： 411105
网 址： http://press.xtu.edu.cn/
印 刷： 长沙创峰印务有限公司
经 销： 湖南省新华书店
开 本： 787 mm×1092 mm 1/16
印 张： 12
字 数： 250 千字
版 次： 2024 年 12 月第 1 版
印 次： 2024 年 12 月第 1 次印刷
书 号： ISBN 978-7-5687-1686-4
定 价： 69.00 元

序言

PREFACE

数学，作为一门逻辑严密的学科，其知识体系并非零散碎片的堆砌，而是由内在一致性编织而成的有机整体。然而，在传统的小学数学教学中，整数、分数、小数常常被割裂开来，加减乘除的算理也各自为政，这种碎片化的教学方式，不仅让学生难以理解数学的本质，也让一线教师在践行课标理念时倍感困惑。

2014 年，我开启了小学数学结构化教学的探索之旅，试图打破知识之间的壁垒，帮助学生构建起完整的数学认知体系。随着研究的深入，我愈发意识到，“数与运算”作为小学数学的核心内容，其内在的一致性对于学生理解数学本质、发展数学思维至关重要。然而，一线教师对于“数与运算一致性”的理解和实践却面临着诸多挑战：如何将抽象的理念转化为具体的教学行为？如何设计有效的教学活动帮助学生感悟一致性？这些问题，成了横亘在理论与实践之间的鸿沟。

2022 年，《义务教育数学课程标准》（以下简称“新课标”）的颁布，将“数与运算一致性”推向了前所未有的高度。它不仅明确了“探索数运算的一致性”的学段目标，更在课程内容和学业要求中多次强调“感悟数的概念和运算的一致性”。这一理念的提出，既是对我过往研究方向的肯定，也为我未来的探索指明了道路。

2023 年，我带领团队成立了课题组，以“数与运算一致性”为核心，开启了新一轮的结构化教学研究。我们深知，这项研究不仅关乎理论的创新，更关乎实践的落地。因此，我们始终秉持着“从实践中来，到实践中去”的研究理念，深入课堂，扎根一线，与广大教师共同探索“数与运算一致性”的教学实践路径。

本书，便是我们这段探索旅程的阶段性成果。它聚焦于“数与运算一致性”这一核心主题，精选了多个典型教学案例，力图将抽象的理念转化为具体的教学行为，为一线教师提供切实可行的教学参考。我们希望通过这些案例，能够帮助教师更好地理解和践行课标理念，也希望能够引发更多同仁对“数与运算一致性”的思考与探讨，共同推动小学数学教育的改革与发展。

“以教师有结构的教，引导学生有关联的学”，这是我们始终秉持的教学理念。我们相信，只有当教师以结构化的视角审视教材，以一致性的逻辑设计教学，才能帮助学生跳出零散知识的桎梏，在数学的世界中发现联系、理解本质、实现迁移。而“数与运算一致性”的研究，正是实现这一目标的关键所在。

最后，谨以此书献给所有致力于小学数学教育事业的同仁们。愿我们携手共进，为孩子们构建起更加完整、更加深刻的数学认知体系，让数学学习真正成为一场充满乐趣与智慧的探索之旅。

黄淑冬

2024 年 11 月于株洲

目录

CONTENTS

(二) 小数的认识与运算一致性

(三) 分数的认识与运算一致性

第一章　小学数学结构化教学改革背景

一、新课标下小学数学教学改革的趋势

随着新课标的颁布，小学数学教学改革进入了新的阶段。新课标强调数学核心素养的培养，注重学生数学思维的深度发展，要求教师在教学过程中不仅关注知识的传授，更要关注学生对数学概念的本质理解与结构化认知。在这一背景下，结构化教学作为一种重要的教学理念，逐渐成为小学数学教学改革的核心方向。

结构化教学强调知识之间的内在联系与逻辑结构，倡导通过整体性、系统性的教学设计，帮助学生构建完整的数学认知体系。研究表明，采用结构化教学能够显著提升学生的数学理解深度和学习迁移能力。特别是在数与运算领域，结构化教学能够帮助学生建立数概念的一致性认知，为后续代数思维的发展奠定坚实基础。还能促进学生对数学概念的深度理解，为后续学习奠定坚实基础。

二、结构化教学的核心理念与价值

结构化教学的核心理念源于认知心理学中的图式理论和建构主义学习理论。它强调知识的整体性、系统性和内在联系。它要求教师在教学过程中，打破传统教学中知识点孤立、碎片化的模式，将数学知识视为一个有机整体，帮助学生发现知识之间的内在联系与逻辑结构。

在小学数学教学中，数与运算是最基础、最重要的内容之一。然而，传统的教学方式往往将整数、小数、分数的认识和运算割裂开来，采用“先整数、后小数、再分数”的线性教学模式。这种教学方式虽然符合认知的直观顺序，却忽视了数概念的本质一致性，导致学生难以理解它们之间的内在联系。结构化教学通过强调数与运算的一致性，帮助学生从整体上把握数学概念的本质，从而提升学习效果。

结构化教学的价值主要体现在以下几个方面：

（1）促进学生数学思维的发展：通过结构化教学，学生能够更好地理解数学概念

的本质，形成系统的数学思维模式，为后续代数思维的发展奠定基础。

(2) 提升教学效率：结构化教学通过知识整合，减少了重复性教学，帮助学生更快地建立知识网络，提高学习效率。

(3) 增强学生的学习兴趣：通过发现知识之间的联系，学生能够体验到数学学习的逻辑之美，增强学习动力。

(4) 培养数学核心素养：结构化教学有助于学生形成数学抽象、逻辑推理等核心素养，为终身学习奠定基础。

三、数与运算一致性的重要性及其与结构化教学的逻辑关系

数与运算的一致性是指整数、小数、分数在数概念和运算规则上的内在统一性。这一概念源于数学学科的本质特征：数学是一个高度抽象化、结构化的知识体系。从认知心理学的角度来看，儿童对数的理解遵循从具体到抽象、从特殊到一般的认知规律（Piaget，1952）。然而，传统的教学方式往往忽视了这种一致性，采用割裂式的教学方法，导致学生在学习过程中产生认知障碍。

在新课标背景下，数与运算的一致性成为小学数学教学的重要内容。研究表明，采用结构化教学方法，能够显著提升学生对数概念一致性的理解。具体而言，结构化教学与数与运算一致性之间存在以下逻辑关系：

(1) 理论基础的统一性：两者都建立在认知心理学和建构主义学习理论的基础上，强调知识的整体性和系统性。

(2) 教学目标的契合性：结构化教学的目标是帮助学生建立完整的知识体系，而数与运算一致性正是这一体系的核心组成部分。

(3) 教学方法的互补性：结构化教学为数与运算一致性的教学提供了方法论指导，而数与运算一致性的教学实践又丰富了结构化教学的内涵。

(4) 学习效果的协同性：结构化教学通过强调数与运算的一致性，能够帮助学生更好地理解数学概念的本质，提高学习效果。

通过结构化教学改革，教师可以帮助学生发现整数、小数、分数之间的内在联系，从而更好地理解数学概念的本质。这不仅能够提升学生的学习效果，还能为后续代数思维的发展奠定坚实基础。在接下来的章节中，我们将通过具体课例，深入探讨如何在教学实践中落实数与运算一致性的结构化教学。

第二章　数与运算一致性的教学实践框架

一、数与运算一致性的教学理念

数与运算一致性是小学数学教学的核心内容之一。它强调整数、小数、分数在数概念和运算规则上的内在统一性。例如，加法、减法、乘法、除法的本质在整数、小数、分数中是一致的，只是表现形式不同。通过结构化教学，教师可以帮助学生发现这种一致性，从而更好地理解数学概念的本质。

在教学实践中，数与运算一致性的教学理念主要体现在以下几个方面：

（1）整体性设计：将整数、小数、分数的数认识与数运算视为一个整体，设计连贯的教学活动。

（2）一致性引导：通过对比、归纳等方法，帮助学生发现整数、小数、分数在数概念和运算规则上的一致性。

（3）学生主体性：注重学生的主动参与和探究，引导学生自主发现知识之间的联系。

二、结构化教学与题组模块教学的结合

在数与运算一致性的教学中，我们结合了结构化教学和顾亚龙题组模块教学的核心理念，形成了以下教学模式：

（1）结构化教学的整体性设计。结构化教学强调整体性和系统性，我们将整数、小数、分数的数认识与数运算视为一个整体，设计连贯的教学活动。例如：在整数教学中，强调计数单位的概念，为后续小数和分数的学习奠定基础。在小数教学中，通过对比整数的数位，帮助学生理解小数的数位意义。在分数教学中，通过对比小数和分数的表示方法，帮助学生发现它们的一致性。

（2）题组模块教学的串联与深化。顾亚龙题组模块教学强调通过题组的串联，帮助学生构建知识网络。在数与运算一致性的教学中，我们设计了以下题组模块：

数概念题组：通过一组相关题目，帮助学生理解整数、小数、分数的数概念。例如，设计一组题目，让学生从整数扩展到小数，再延伸到分数，发现它们在数概念上的一致性。

运算规则题组：通过对比整数、小数、分数的加减乘除运算，帮助学生归纳运算规则的一致性。例如，设计一组题目，让学生发现“数位对齐”在整数、小数加法中的共通性。

（3）学生主体性的体现。在题组模块式教学的结构化教学模式中，学生主体性的提升体现出三方面核心优势。首先，模块化的知识整合重构了学习路径，将通过主题关联的题组群进行系统性探究，在解决进阶式问题的过程中主动建构知识网络，其认知逻辑从被动接受转向自主关联，批判性思维得以强化。其次，模块化呈现让隐性规律显性化，便于学生观察和把握数学的规律与本质，促进深度学习和迁移应用。第三，分层递进的题组设计为学生创造了个性化的学习空间。

三、教学实践的关键策略

为了实现数与运算一致性的教学目标，我们结合结构化教学与题组模块教学，提炼出以下关键策略：

（1）从生活情境引入：激活学生经验。通过生活中的实际问题，帮助学生理解数概念的现实意义。例如：设计抢红包和测量活动，让学生认识小数的产生和意义。用分蛋糕的情境引入分数运算，帮助学生理解分数的意义和运算规则。

（2）对比与归纳：发现一致性。在教学过程中，引导学生对比整数、小数、分数的数概念和运算规则，归纳出它们的一致性。例如，通过对比整数和小数的加法，帮助学生理解“数位对齐”的本质。

通过对比分数和小数的乘法，帮助学生发现“部分与整体关系”的一致性。

（3）可视化工具的应用：直观理解。利用数轴、面积模型、细分单位模型等可视化工具，帮助学生直观理解数概念和运算规则。例如：用数轴展示整数、小数、分数的位置关系，帮助学生理解它们在数系中的一致性。用面积模型解释分数的乘法，帮助学生直观理解“部分与整体”的关系。

（4）分层教学：因材施教。根据学生的认知水平，设计不同层次的教学活动，确保每个学生都能在原有基础上获得提升。例如：对于基础较弱的学生，设计简单的题组模块，帮助他们掌握基本概念和运算规则。对于能力较强的学生，设计开放性题组模块，引导他们进行深度探究。

四、典型课例的选择依据

本研究的典型课例围绕整数、小数、分数的数认识与数运算展开，课例的选择依据如下：

(1) 代表性：课例内容覆盖小学数学数与运算的核心知识点。

(2) 实践性：课例设计基于实际教学场景，具有较强的可操作性。

(3) 创新性：课例体现了结构化教学的核心理念，注重数与运算的一致性。

五、教学实践的成效与反思

通过典型课例的教学实践，我们发现结构化教学与题组模块教学的结合在数与运算一致性方面取得了显著成效：

(1) 学生数学能力的提升：学生对整数、小数、分数的数概念和运算规则有了更深刻的理解，数学思维能力得到明显提升。

(2) 教师教学观念的转变：教师从传统的知识点教学转向整体性、结构化的教学设计，教学效果显著提高。

(3) 教学实践的挑战：在教学实践中，我们也遇到了一些挑战，例如如何平衡教学进度与学生探究时间，如何设计适合不同层次学生的教学活动。这些问题为我们未来的教学研究提供了方向。

第三章　数与运算一致性的教学实践案例

（一）整数的认识与运算一致性

【课例 1】

10 的再认识

执教：株洲市二中附属第二小学　郭永根

教学内容

人教版《义务教育教科书·数学》一年级上册。

教学过程

一、开放导入

师：同学们，咱们在之前的学习中已经认识了好多数，谁能来说一说，我们都认识了哪些数呀？

生：略。

师：非常棒，看来大家之前学的数都记得很牢。那咱们在学习这些数的时候，是按照什么样的结构来学的呢？有没有同学能回顾一下？

生：我们先认识数是怎么读、怎么写，还学了数可以表示什么。

师：真不错，总结得很到位。那关于数字 10，大家知道些什么呢？

生：我知道 10 比 9 大 1。

生：10 可以分成 5 和 5。

师：看来同学们对于 10 的了解可真不少，今天咱们继续深入地来认识 10。

二、核心推进

一放：

1. 数一数。

师：同学们，请大家打开书本第 73 页，仔细数一数情境图中事物的数量。

师：哪位同学先来告诉老师，你数了哪种事物，它的数量是多少？

生：我数的是气球，有 10 个气球。（教师在大屏幕上展示气球的图片）

生：我数的是铅笔，有 7 支。（教师同样展示铅笔图片）

……

依据学生的回答，教师依次展示相应的事物。

2. 摆一摆。

活动要求：

（1）摆一摆：选择一种事物，用小棒摆出它的数量。

（2）说一说：你能一眼看出同桌摆的是多少吗？

（3）准备汇报。

（学生们兴致勃勃地开始摆小棒，同桌之间互相交流）

师：好，时间到。我先请一位同学来说一说，你摆的是什么，怎么摆的。

生：我摆的是气球，我用 10 根小棒摆的，就像这样一根一根排整齐。（上台展示）

师：摆得很整齐。那我来追问一下，怎样让人一眼就看出来数量是多少呢？

（学生们陷入思考，片刻后有同学举手）

生：可以把 10 根小棒捆成 1 捆，这样一看就知道是 10 了。

师：真聪明！生活中也有像这样 10 个一组数数的例子哦。

3. 认识计数单位"十"。

师：超市售货员把 10 个鸡蛋装成 1 盒，数起来既方便又清楚。还有 10 支铅笔捆成 1 捆，10 瓶酸奶装成 1 箱，10 卷纸装成 1 袋等。

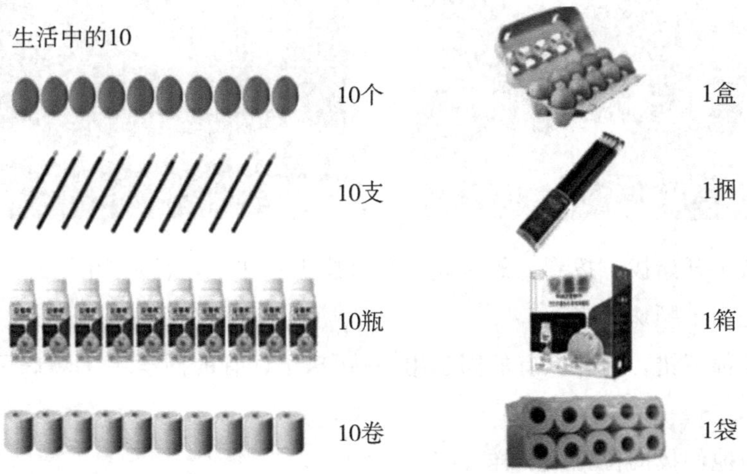

师：这些都可以用什么来表示呢？

生：我们都可以用 10 根小棒来表示。

师：对，我们都可以用10根小棒来表示，也可以将10根小棒捆成1捆。我们就可以说：10个一就是1个十。也可以说1个十是10个一。

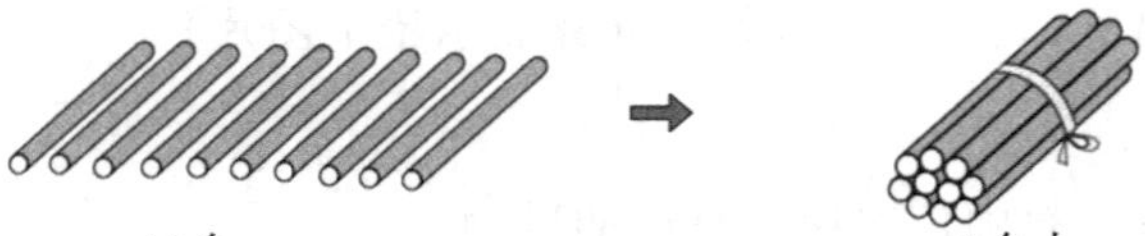

10个一　　　　1个十

大家想想，生活中还有这样的例子吗？

生：妈妈买的筷子，一般是10双1包。

生：1盒水彩笔也是10支。

二放：

1. 在计数器上拨出10。

活动要求：

（1）独立拨一拨：从1拨到10。

（2）仔细想一想：你想怎样表示10？

（3）同桌说一说：你们的表示方法一样吗？

（学生们动手操作计数器，交流热烈）

师：好，大部分同学都完成了。谁能上台展示并说一说自己的想法？

生：我从1开始拨，一共拨了10颗珠子。

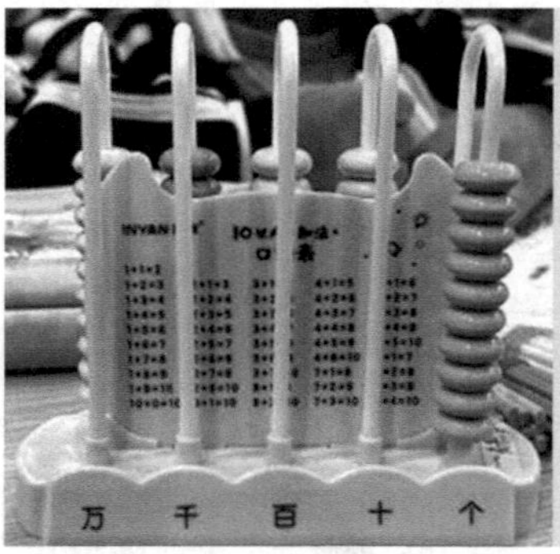

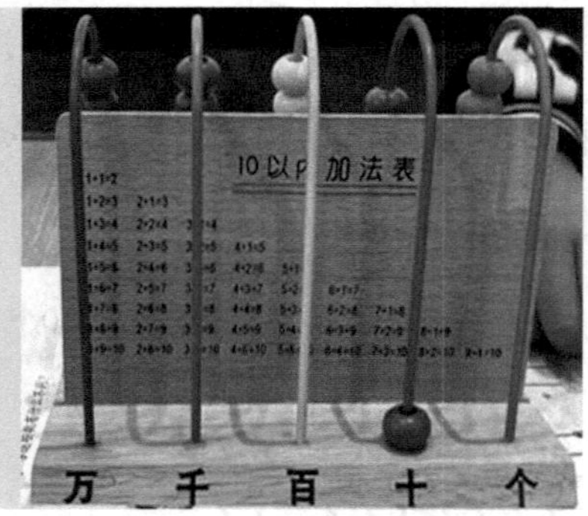

生：我从1开始拨，拨到9的时候，我再拨1颗珠子，就是10了。

生：我是用1颗珠子表示。

师：同学都不错，为什么有的同学用10颗珠子，有的同学用1颗珠子，都可以表示10呢？

生：因为他们拨的位置不一样。

师：对，他们拨的位置不一样，用1颗珠子表示1的，叫个位；用1颗珠子表示10的叫十位。

师：通过大家的操作和交流，咱们来看看，这就引出了数学里很重要的两个数位——十位和个位。大家看，当珠子在十位的时候，它表示的意义就不一样了。

2. 学习写10。

师：那现在咱们来学习写10。哪位同学愿意上台来写一写？

师：（看着学生写的10）这里明明只有1颗珠子，你怎么写了两个数字呢？还有，这后面的0能不能不写呀？

生：要是不写0，就变成1了，就不是10了，0得写上占位。

师：是的，个位的0起占位的作用，不能省略。

3. 认识10和0—9这些数的不同。

师：接下来，咱们来认识一下10和0—9这些数有什么不同。

生：0—9只有一位，10有两位。

师：对，0—9是一位数，10是由0和1组合成的两位数。

三放：

1. 做一做。

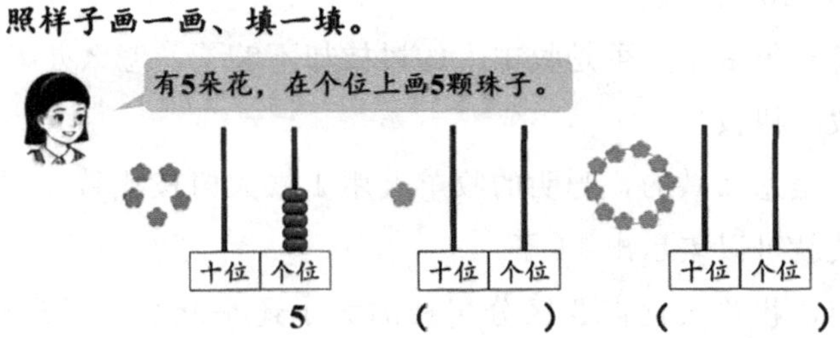

学生们按照要求操作，之后教师请几位同学上台展示汇报，教师小结不同数的表示方法。

2. 说一说。

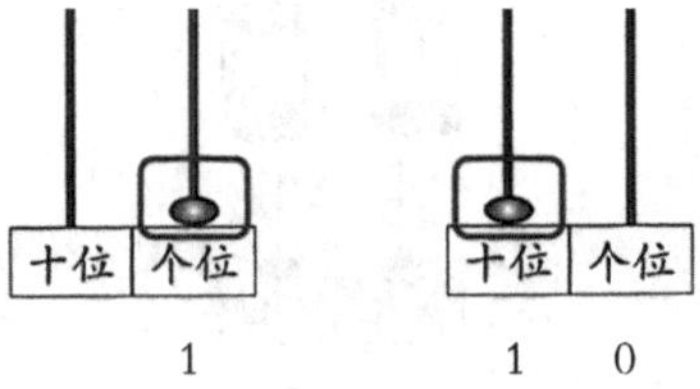

活动要求：

(1) 说一说：图中珠子表示的意思。

(2) 想一想：同样是1颗珠子，表示的数为什么不一样？

生：在个位上的1颗珠子表示1个一，在十位上的1颗珠子表示1个十。

师：说得太对了！像这样同样是1颗珠子，放在不同的位置就表示不同的数，这种表示方法就叫作位值制。

三、拓展提升

观看古代计数的发展过程。

师：同学们，你们知道吗，在远古时代，人类的祖先并不认识数，那他们是怎么计数的呢？咱们一起来看一段视频。（播放古代数羊的过程）现在，咱们就当一回牧羊人，借助袋子里的小树枝数一数羊的只数。

（视频中，数到10的时候）

师：羊圈里还有很多羊，可是牧羊人的树枝却不够了，怎么办呢？

生：可以再找些树枝。

师：看看古人是怎么做的，聪明的牧羊人用1根大树枝代替10根小树枝，这样用一大一小两根树枝就可以表示出11了。

师：过了几年，牧羊人觉得要区分树枝的大小还是麻烦，于是开动脑筋又想了一个办法，把树枝放在左边表示1个十，放在右边表示1个一，同样的树枝，放在不同的位置，就可以表示不同的大小。这跟我们数学中的什么很像？

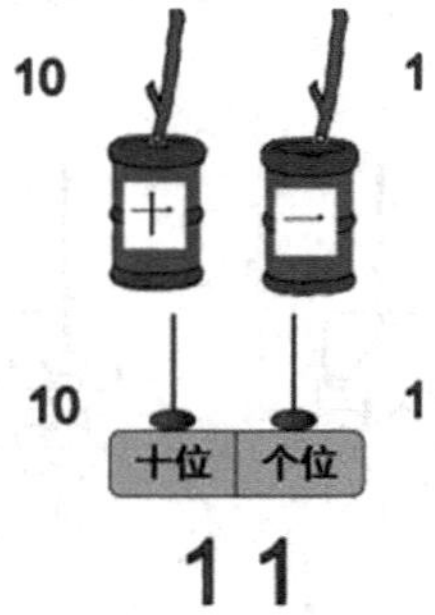

生（齐声）：计数器。

师：中国人为数学知识的创造作出了非常大的贡献，希望同学们认真学习，也能像中国古人这样勇于创造新的数学知识。

【课例解读】

从“一”到“十”，感知计数智慧

株洲市二中附属第二小学　郭永根

一、解析教材，精准定位

（一）教材内容剖析

1. 单元起始课的核心地位。

“10 的再认识”作为“11－20 的认识”单元的开篇之课，犹如大厦之基石，为后续学习两位数及更大数的认识筑牢根基。它不仅是对之前 10 以内数认识的拓展，更是引入十进制计数法、数位概念和位值制思想的关键契机。

2. 蕴含的重要数学概念。

在本节课中，学生首次接触新的计数单位“十”，这是对原有计数单位“一”的重大突破。同时，“位值”概念的出现，通过 10 这个两位数引出了个位和十位两个数位，每个数位都赋予了数字特定的“位值”。例如，10 中的“1”在十位上，表示 1 个十，“0”在个位上，表示 0 个一，这与 0－9 这些一位数在表示上有着本质区别。教材通过引导学生讨论“10”中的“1”和“0”分别表示什么？以及对比“10”和 0－9这些数字有什么不同，让学生逐步理解位值制的内涵，这是数概念发展的重要飞跃。

（二）教学目标与教材的契合

1. 感知数数优越性与计数单位“十”。

教材中安排了以 10 个为一组进行数数的活动，正是为了让学生在实践中体会 10 个一组数数的优越性，进而引出计数单位“十”。这与教学目标中引导学生感知 10 个一组数数的优越性，知道“10 个一等同 1 个十”紧密契合。

2. 理解数位关系与十进制思想。

教材中利用计数器这一工具，让学生从 1 拨到 10 并思考 10 的表示方法，有助于学生理解“一”和“十”之间的进制关系，以及个位和十位的含义，初步体会十进制思想。这与教学目标相呼应。学生在计数器上操作时，能直观地看到个位满十向十位进一的过程，从而深刻理解十进制计数法的本质，即相邻计数单位之间的进率是10。

3. 体会位值制思想。

通过教材中对“10”中数字表示意义的探讨以及与0—9数字的对比，学生能够深入理解位值制思想。学生在分析10和0—9数字的不同时，能明白数字的位置决定其数值大小，如10中的“1”在十位表示1个十，而1在个位仅表示1个一，这是位值制的核心体现。

二、立足学情，以学定教

（一）学情深度分析

1. 已有知识基础与经验。

学生在学习“10的再认识”之前，已对10有了一定程度的认识，能够熟练进行10以内数的大小比较、加减法运算，也知晓10的简单分与合等知识。然而，这些知识多停留在表面的计算和数量的基本感知层面，尚未深入到数的本质结构和概念体系。

2. 学习难点与认知挑战。

对于一年级学生而言，抽象的数学概念是学习的主要障碍。新的计数单位“十”以及位值制概念极为抽象，学生难以直接理解其内涵。例如，他们可能会疑惑为什么要引入“十”这个计数单位，以及数字在不同位置为何表示不同数值。同时，学生之前对数的认识经验较为零散，缺乏系统性，难以将新知识与已有的认知结构有效整合，构建完整的数概念体系。

（二）教学策略适配学情

1. 直观操作助力概念理解。

鉴于学生抽象思维能力较弱，教学中大量运用直观操作策略。如在认识计数单位“十”时，先让学生数主题图中事物的数量，再用小棒摆出相应数量，通过实际操作感受数量的多少。然后引导学生观察生活中10个一组的物品，如10个鸡蛋1盒、10支铅笔1捆等，将抽象的计数单位概念具象化。最后把小棒抽象成小棒图，展示10个一和1个十的关系，帮助学生逐步从具体形象思维过渡到抽象逻辑思维，理解10个一是1个十的本质。

2. 问题引导激发思维活力。

根据学生理解数学概念的困难，教师巧妙设置问题引导学生思考。在数小棒后追问“怎样让人一眼就看出来数量是多少呢?”促使学生思考更高效的计数方式，引出10

个一组数数的优越性。在计数器操作环节问“你想怎样表示 10?”激发学生探索不同的表示方法，进而理解数位概念。在认识 10 和 0—9 不同时，问“同样是 1 颗珠子，表示的数为什么不一样?”引导学生深入思考位值制的含义，通过这些问题激发学生的好奇心和求知欲，培养其独立思考和解决问题的能力。

3. 生活联系促进知识迁移。

考虑到学生对生活中熟悉的事物更容易理解，教学注重联系生活实际。无论是展示生活中 10 个一组的物品，还是布置让学生寻找生活中 10 个事物一组的实例，都将数学知识与生活紧密结合。这样做不仅能让学生感受到数学在生活中的广泛应用，还能借助生活经验加深对数学概念的理解，如理解以“十”为单位计数的便利性，从而更好地掌握 10 的相关知识。

三、深度学习，发展素养

（一）对接生活，感受“十”的单位价值

1. 生活实例引入，建立直观感知。

教师从学生熟悉的生活场景出发，如让学生数主题图中的小朋友、花朵、灯笼数量，然后选择一种事物用小棒摆出数量，在这个过程中，学生开始关注数量的表示方式。接着教师展示生活中 10 个鸡蛋装成 1 盒、10 支铅笔捆成 1 捆等实例，引导学生观察并思考。这些生活中的常见物品让学生直观地感受到 10 个一组的存在，初步建立起对“十”作为计数单位的感性认识，理解 10 个一组数数的便利性，为后续深入理解计数单位“十”奠定了基础。

2. 深入体验，理解计数单位本质。

通过让学生将小棒的摆放与生活中 10 个一组的物品进行联系，如把 10 根小棒捆成 1 捆表示 1 个十，学生在操作和观察中进一步体会 10 个一和 1 个十的等价关系。这种从具体到抽象的过程，帮助学生深入理解计数单位“十”的本质，即它是一种对数量进行分组计数的方式，使学生认识到数学与生活息息相关，生活中的计数方式背后蕴含着数学原理，从而提升学生用数学眼光观察生活的能力，发展数学素养。

（二）链接古今，感悟“10”的简化思想

1. 追溯计数历史，激发学习兴趣。

教师通过播放古代计数发展过程的视频，让学生仿佛置身于古代牧羊人的情境中，用小树枝数羊。这种生动的历史情境再现，极大地激发了学生的学习兴趣和好奇心。学生在模拟古人计数的过程中，感受到计数方法的发展历程，了解到数学知识是在人

类生活实践中不断演变和完善的，从而增强对数学学科的亲近感和探索欲望。

2. 理解简化思想，体会数学发展。

从古人用小树枝计数遇到困难后，用1根大树枝代替10根小树枝，再到将树枝放在不同位置表示不同大小，类似现代计数器的数位表示，学生在这个过程中深刻体会到"10"在计数中的简化作用。这一过程不仅让学生理解了位值制的起源和意义，更让他们感悟到数学从复杂到简单、从具体到抽象的发展趋势，培养学生的数学历史观和文化素养，使学生认识到数学是人类智慧的结晶，激发学生学习数学的热情和创新精神。

（三）模拟创造，体验"10"的位值智慧

1. 操作实践，领悟位值原则。

在计数器上的操作是学生体验位值智慧的重要环节。学生从1拨到10，思考10的表示方法，在这个过程中，他们通过不同的拨珠方式，如有的在个位拨10颗珠子，有的在十位拨1颗珠子，然后对比分析，理解十位和个位的含义，体会到"满十进一""以一当十"的位值原则。在"做一做"环节，学生根据花朵数量在计数器上画珠子并书写数字，进一步巩固了位值制的概念，通过实际操作，将抽象的位值思想转化为具体的操作行为，加深了对位值制的理解。

2. 交流思考，提升思维能力。

在教学过程中，教师组织学生进行多次交流讨论，如在计数器操作后同桌交流表示10的方法是否相同，在认识位值制时让学生说一说1颗珠子在不同数位表示的数以及为什么不同。这些交流活动促使学生积极思考，表达自己的观点，倾听他人的想法，在思维碰撞中深化对位值制的理解。学生在这个过程中逐渐学会从不同角度思考问题，分析数字在不同数位上的意义，提升了逻辑思维能力和数学表达能力，为今后学习更复杂的数学知识奠定了思维基础。

【课例 2】

20 以内数的认识整理复习

执教：株洲雅礼实验学校　黄淑冬

教学内容

人教版《义务教育教科书·数学》一年级上册。

教学过程

一、构建全册知识结构，渗透复习方法

1. 观看微视频，回顾整个学期所学内容。

师：这个学期的新知识都已经学完了。我们一起来看看，我们学了哪些知识？

（播放微视频，学生边看视频边回忆学过的内容。）

师：这个学期我们主要学习了哪些内容？

生：我们学习了 1—5 的认识，6—10 的认识，还有读数和写数。

生：我们学习了几和第几、分与合、比较大小。

……

师：多不多？

生：多！

师：我们学了这么多的知识，你感觉怎么样？

生：很高兴！

2. 梳理归类，形成一册知识结构，渗透归类复习方法。

师：老师也为你们感到高兴！这么多的知识，如果不整理，就会显得散、乱。现在我们一起来看看可以怎样整理。

（课件出示数学书的目录）

师：看，这是我们数学书的目录，除"复习与关联"外，前面我们一共学习了 5 个单元。大家仔细看看，这里面，有没有同类的单元，可以归到一起呢？

生：我发现第 4 单元是"11—20 的认识"，第 5 单元是"20 以内的进位加法"。

师：哦，也就是说，我们是先认识了数，然后再学习加减计算是吗？

生齐：是的。

师：一共有哪些单元学习“数的认识”呢？

生：(略)。

师：这 3 个单元的学习内容都是“数的认识”，我们可以归到一起。(贴出“数的认识”)

师：在数的认识的基础上，我们学习了这些数的计算，在哪几个单元呢？把它找出来！

生：(略)。

师：这几个单元的学习内容可以归为？

生：加法和减法！

师：剩下的第 3 单元，“认识立体图形”和它们同类吗？

生：不同类。

师：那我们就把它单列出来。(贴出“认识图形”)

师：这个学期的知识被我们归为了这样三块。来，我们读一遍。

师：你看，这样归类整理之后，一学期的知识点是不是清楚多了？

生：是的！

师：今天我们先来复习第一块内容。(将“数的认识”提上去作为课题)

师：我们认识的最大的数是几？

生：20。

师：那今天我们要复习的就是“20 以内数的认识”(补充板书)，一起大声地读一遍！

二、聚焦数的认识，复习、关联、沟通

【创设情境】

师：其中一共有哪些知识需要掌握？我们是不是都学会了？老师请了一位嘉宾来帮忙，看，他是谁？

生兴奋：柯南！

师：柯南很聪明，因为他很喜欢数学。今天他想邀请我们班的小朋友带着认数知识，去闯一闯他的数学迷宫呢！你们有信心接受挑战吗？

师：好，出发！

(一) 复习与梳理

1. 灵活数数。

师：数学迷宫的大门外，有很多水果（见下图），得会数数的小朋友才有资格进入

迷宫。这学期你学会了几种数数的方法呢？

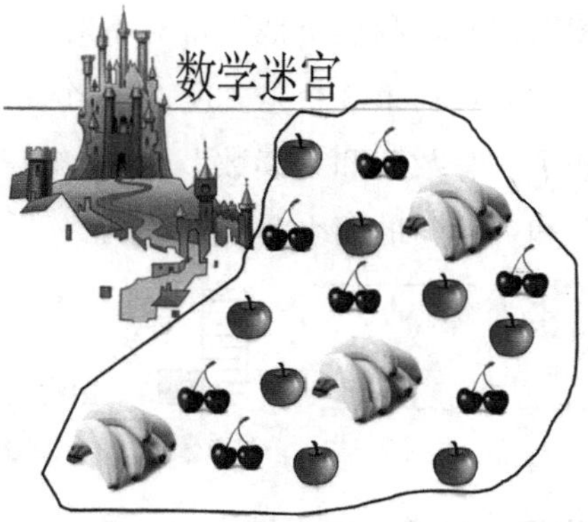

师：哪一小组愿意上来数？好，其他同学注意观察：他们是怎样数的？

师对生 1：请你数数苹果吧！

生 1：1，2，3，4，…，7，8。苹果有 8 个。

师：他是怎样数的？

生：他是一个一个地数的。

师：有没有顺序？

生：有顺序，他是从上往下有顺序地数的。

师：你观察得真仔细。这些苹果很乱，他能从上往下一个一个地数，数得很有顺序很清楚，掌声送给第 1 个孩子！

师问生 2：你来数什么？

生 2：樱桃。2，4，6，8，10，12，14；14 个。

师：她是怎样数的？

生：她是两个两个地数的。

师：你觉得她数得怎么样？

生：很好！因为樱桃是两个两个一串。

师：看来你跟她一样善于观察，有方法。

师：我们再来看看第 3 位同学的。

生 3：我数香蕉。5，10，15。

师：这一组的同学能根据实际情况灵活数数，表现真棒！“数数”的果实你们收获了，请你们组第 4 个孩子代表全班，贴到黑板上。

生 4 拿着收获的“数数”苹果贴纸，贴到黑板上。

师：大家看！迷宫的大门向我们打开了！柯南亲自迎接你们呢！

2. 数的读、写。

师：“迷宫”里有 4 个房间。柯南告诉我们，得先写出这些数，才能得到门牌号

（见下图）。拿出你们的学习单，赶紧动手吧！写完的举手，看谁动作快。

师：请将你写的数“读”出来，我们听他写得对不对。

生：第 1 个是 9；第 2 个是 11；第 3 个是 13；第 4 个是 20。

师：这学期我们还收获了“写数”和“读数”，这个知识你掌握得很好，请你将贴纸贴到黑板上（写着“写”和“读”的两个苹果贴纸）。

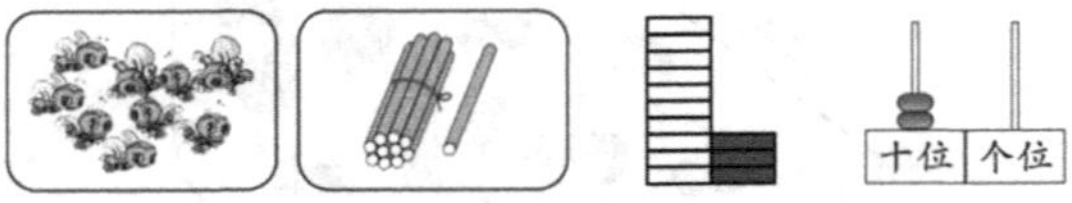

（ 9 ）　（ 11 ）　（ 13 ）　（ 20 ）

3. 数的组成、位数、位值、单双、大小等。

师：进哪个房间呢？你觉得这里的哪个门牌号与众不同？跟小组同学说说。

小组里学生互相交流，教师参与几个小组听取意见。

师：现在我们来听听各小组的意见。

生 1：我们觉得 9 与众不同，因为 9 是一位数，其他的都是两位数。

生 2：我们认为 20 与众不同，它的个位上是 0。

师：像 20 这样个位上是 0 的数我们称为整十数。你还能举几个整十数的例子吗？

学生举例，明确 100 也可以看成整十数。

师：我也觉得 20 与众不同，但我的想法跟他不一样。看谁跟我心有灵犀？

生 6：20 与众不同，因为它是双数，其他的都是单数。

师：你能数出 20 以内所有的双数吗？

生：（略）。

师：还有哪个数与众不同？

生 9：我们觉得 11 也与众不同，只有它由相同的数字组成。

师：你像柯南一样有一双善于发现的眼睛！11 的两个“1”表示的意思相同吗？（板书“11”并提问。）

生10：意思不同。十位上的1表示1个十，个位上的1表示1个一。

师：你对不同数位上数的意义理解得真清楚。

（二）查漏与补缺

师：对这些门牌号，看来大家都有自己独特的看法，那我们分头行动。请小组长将你们选的与门牌号对应的信封打开，分发信息卡。我们的探险开始了。

9号门信息卡

根据右图完成下列问题。

（1）从左边数，把第4只圈起来。

（2）从右边数，把第7只圈起来。

11号门信息卡

1. 下面的□里能填几？

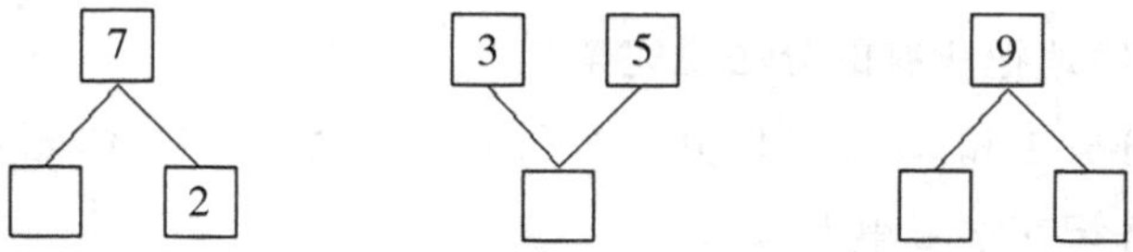

2. 填一填。

1个十和7个一合起来是（　　）。

15里面有（　　）个十和（　　）个一。

2个（　　）组成20。

20号门信息卡

1. 在〇里填上“＞”或“＜”。

6〇7　　　　9〇12　　　　15〇20

2. （　　）里能填几？

10＞（　　）

教师在学生完成学习单时巡视，收集9号学习单正确资源和错误资源各一个。先展示收集的错误资源。

师：我听到议论的声音了，来，说说你们的意见。

生2：题目是说“从左边数，把第4只圈起来”，他把左边4只全圈起来啦。

师：噢，第一问做错了（在该生的学习单上打横线），那第二问呢，对了没有？

师展示收集的正确资源：我们再来看看这位同学的，他的，对了吗？

师：通过刚才这道题的练习，你有什么想要对大家说的？你有什么要提醒大家的？

生 3：不要把“第 4 只”理解成“4 只”了。

师：“4 只”和“第 4 只”的意思一样吗？

生齐：不一样！

师：是的，下次可得小心注意喽！

师：在同学们的帮助下，9 号门闯关成功！11 号门后面有什么，谁来汇报？

生 4 带着学习单上来，教师帮助展示。

师：大家来当评委，检查他做得对不对！（略）

9

师指着□　□提问：这个地方还可以怎么填？

生 5：还可以填 2 和 7。

师：还有吗？

生 6：还可以分成 3 和 6。

师：谁能有顺序地把所有的分法说完整？

生 7：9 可以分成 1 和 8，9 可以分成 2 和 7，9 可以分成 3 和 6，9 可以分成 4 和 5（教师将学生的回答记在学习单上）。

师亲切地询问生 7：你怎么说到这里就不说了呀？

生 7：后面都是反过来的。

师转向其他学生：是吗？

生齐：是的！

师：所以，我们可以像她这样一对一对地记，只要记一半就够了！

师边将写有“组成”的苹果交给生 7，边赞许：数的组成你掌握得真好！

生 7 自豪地在黑板上贴上苹果贴纸。

师拿下 11 号学习单：“11”关闯得很成功哦，那哪些孩子选的是 20 号门呢？

（很多孩子踊跃举手，忍不住站了起来。）

师：我来选一个举手最文雅的。好，请你来！快！

生 8 带着学习单上来，教师帮助展示。

师：请你大声说。

生 8：6 小于 7；9 小于 12；15 小于 20。

师：咦，这里为什么都填小于号呀？

生 9：因为开口要朝着大数。

师：没错。大于号、小于号的用法我们有一句儿歌，大家还记得吗？一起背诵一遍。

众生：开口朝大数，尖尖对小数！

师：下面看她的第2题。

生8：10大于9。

师问另一个学生：你有什么想说的？

生10：还可以填8、7、6、5、4、3、2、1、0。

生齐：对！

教师将0—8补到9后面，提问：括号里填的都是几位数？

生：一位数。

师：你有什么发现？和同桌说说。

生11：它们都比10要小！

师：10是几位数呀？

生：两位数！

师：两位数跟一位数比，你有什么发现？

生齐：两位数比一位数都大！

师由衷地竖起大拇指：你们有了一个了不起的发现！掌声送给我们自己！对数的大小关系大家又有了新的认识！这一枚果实老师要送给一（3）班的所有小朋友！（教师请生8代表大家去贴上。）

师：在大家的齐心协力下，每一组都闯关成功。柯南送给我们一个礼物，想看看吗？(课件出示)

课中休息："哇，音乐盒！"(点击音乐盒播放"凑十歌"，全体孩子一起跟着唱)

(三) 沟通与延伸

1. 0的多重含义。

出示尺子图：

师：看！什么来了？

生：尺子！

师：在我们的尺子上，还有一个特殊的数，它是谁？

生齐：0！

师：0在这里表示什么？

生1："没有"的意思。

师：0可以表示"没有"的意思；但0在这里可不是表示"没有"的意思，好好想想！

生2：0在这里表示"起点"。

师：对啦！尺子上的0，表示“开始”和“起点”。

师：前面那个同学讲到了，0还可以表示“没有”。黄老师告诉你，0呀，还可以表示“有”。你知道0在什么时候表示“有”吗？

生3：0下面还有－1，－2。

生4：1和0在一起就是10。

师：爱动脑筋！现在是冬天，今天早上老师去开车的时候，发现玻璃上结了一层薄冰。只有当气温降到0℃或0℃以下的时候，水才会凝结成冰。在气温中，0就是一个具体的温度数值，而不是表示“没有”。你知道了吗？

孩子们恍然大悟，高兴地欢呼：知道了！

2. 沟通数与数之间的关系。

师：每个数表示的数量都不同，这就决定了它们的顺序和位置。

师：我们来玩个游戏！猜猜我是谁！（见下图）

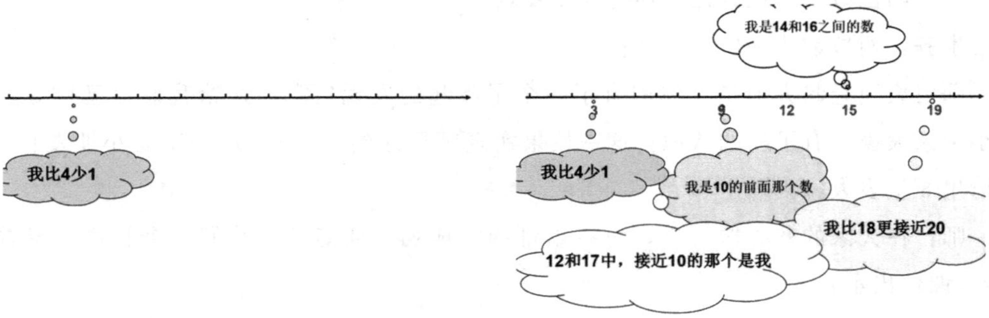

众生：数轴！

师：根据给你的信息，猜出数轴上的位置是哪个数。

师读信息，生猜，快问快答。如：

师：我比4少1。

生1：是3。（课件出示答案）

师：我是14和16之间的数。

生2：15。

……

3. 数概念的延伸。

师：根据每个数表示的数量多少，把它们在直线上排列出来，就形成了数轴。课件完整显示0到20各数：看到这根数轴，你还想到了什么？20是不是最大的数？0是不是最小的数呢？

生：不是。

师：比 20 大的数在数轴上的什么位置？

生：比 20 大的数在 20 的后面；还有比 0 更小的数，−1，−2，等等，它们在 0 的前面。

师：他知道的可真多！这些数，等着我们以后去认识。

三、开放延伸

1. 认数方法的提炼。

师指着黑板上贴满“果子”的知识树：从 0 到 20，尽管我们是分几个阶段学习的，但我们都是从“数数”“读数”“写数”“数的组成”以及刚才讲的“数的顺序”“大小比较”这几个方面来研究的。以后其他数的学习，我们仍然可以这样进行。

2. 复习方法的渗透。

师：下节课我们该复习什么了？（加法和减法）对！大家可以像今天这样，先到目录中找到相关的单元，回家后先自己看书复习。

【课例解读】

“瞻”前“顾”后，做有生长力的教学

株洲雅礼实验学校　黄淑冬

一、教材分析

人教版一年级数学新教材，非常重视知识的自主整理和知识的结构化。一年级上册期末总复习更名为“复习与关联”，主题图以“知识图”的形式呈现了学生自主整理的范例，提示教师要指导学生对所学知识进行归类整理，使散点的知识结构化。

数的认识及其运算是一年级上册的重要学习内容。在本册教材中，数认识的学习分成了这样 3 个阶段：“5 以内数的认识”；“6—10 的认识”和“11—20 的认识”。都是从数数、数的读写、数的组成、顺序和大小这几个方面进行的学习。在总复习阶段，我们有必要沟通前后知识之间的联系，使片段化的学习系统化，并让学生初步感悟“数认识”方法结构的类同性，为后续迁移学习、主动认知奠定基础。

二、学情分析

知识经验层面：在此之前，学生有过 3 次单元整理复习的活动经验，初步知道了什么是整理，能根据记忆，对新学习的单元进行个性化的回顾和总结。像这样对整个学期的知识进行整理归纳还是第一次，缺少方法和经验。

认知心理层面：一年级第一个学期的孩子，注意力容易分散，容易被一些表面的东西吸引，难以组织。

基于以上分析，我们最后确定了如下教学目标、教学方法和教学过程。

三、教学目标

（1）梳理一年级上册数学知识脉络，形成整体清晰的知识结构。

（2）进一步熟练地掌握 20 以内数的读写、顺序及大小，进一步理解数位的意义和数的组成，形成认数的方法结构。

（3）培养学生学习数学的兴趣，积累期末总复习的活动经验。

四、教学方法

为达成以上目标，我们根据学生特点，采取明暗两条线的教学策略，利用现代信息技术辅助教学。

暗线是知识整理复习的脉络；明线是“挑战柯南的数学迷宫”。学生喜欢游戏，喜欢挑战，课堂上热情高涨。在这条明线的牵引下，孩子们不知不觉在游戏中完成了20以内数认识的整理和复习。

五、教学过程

这堂课因为是总复习的第一课时，所以我们必须先整体“构建一册知识结构，渗透复习方法”；后聚焦“20以内数的认识”（复习与梳理、查漏与补缺、沟通与延伸）；教学中我们采取了“三放三收”导探教学模式。下面，从“整理”和“复习”两个维度作具体说明。

（一）如何有效“整理”

这堂课的“整理”包含了两个部分：一是整册教材的整理；二是“0—20各数的认识整理”。首先谈谈关于整本书的整理：如何使散点的知识结构化，把书由厚变薄？

1. 有效盘点。

一个学期下来，学生的大脑就像一个堆满了知识的仓库。他们得先清点清点自己的仓库里到底都有些什么，这样才能心中有数；为此我们做了一个1分钟的微课，因为时间关系，欣赏40秒。我们认为微课不失为有效盘点的一个良好手段：这些熟悉的影像，使孩子们很快便进入了角色，边看画面就边说出了学习的内容。

2. 梳理归类。

整理最一般的方法是归类，我们想让孩子自己学会。单元整理可以利用小标题，一本书的整理是不是也有什么可以借鉴的东西呢？在书上，我们找到了这样的东西——目录。

“看，这是我们数学书的目录，除‘总复习’外，前面我们一共学习了5个单元。大家仔细看看，这里面，有没有同类的单元，可以归到一起呢？”

孩子们首先找到了第4单元和第5单元。老师帮助提炼：我们是先认识数，然后再学习这些数的加、减法。接着引导他们分别找出了数的认识的所有单元、加法和减法的相关内容，进行归类。

这次活动给孩子们留下了非常深刻的印象和宝贵的经验。

3. 提炼结构。

聚焦到"20以内数的认识"整理，我们蕴藏在"挑战数学迷宫"的游戏当中。通过3个游戏环节，打通3个阶段"数认识"同一的方法、结构。第一个环节是"数数"："数学迷宫的门口摆着一些水果，只有能数清楚的小朋友才可以进去！"进入迷宫后，第二个环节是读数和写数："只有写出这些数，才能破解出门牌号码。"4个数读出来后，迷宫出现了4张门：进哪张门呢？你觉得哪个数与众不同？第3个环节的小组活动掀起了课堂的高潮。每个学习小组都有自己的见解。有说20的，有说11的，还有说9的……通过孩子们个性化视角的思考、教师适时地追问，使得数的组成、单双、位值、大小等诸多知识点并联呈现，课堂思维碰撞，精彩纷呈。当孩子们将收获的知识果实一个一个贴到黑板上时，心里是无比的高兴和自豪。这些果实，就是梳理出来的"数认识"同一的方法，"以后我们认识更大的数，依然可以从这几个方面进行。"

（二）如何有效"复习"

1. 查漏与补缺。

为此我们做了这样一些努力：（1）提供结构化的材料（数水果情境），让学生在实际情境中灵活选择数数的方式，提高数学的应用能力。（2）精设练习。针对难点、易错点和提升点设计习题。例如：9号门中的两个问题，表达不同，但指向的都是序数意义，打破常规。很多学生没有认真看题，从而掉到了陷阱里。20号门中的问题，让学生对一位数和两位数的大小关系有了更加清晰的认识，为以后学习多位数的大小比较打下基础。（3）重视数学经验的分享。例如：9号门在展示学生的错例后，让学生谈谈"你有什么要提醒大家的？"；11号门巩固大数的分与合后，让学生说说："你有什么好方法记住他们的分与合？"。使"数学活动经验"也成了课堂的主角，大家一起分享。

2. 沟通与延伸。

在课的收尾部分，我们利用数尺让所有学过的数来了一个大集合。这根数尺，一直伴随着孩子们认数的历程，从它身上，我们可以直观看到0—20各数之间的关系。

"看到这根数轴，你还想到了什么？比20更大的数在数轴上的什么位置？比0更小的数呢？"数形结合的联想，使封闭的数概念一下子打开，而且有了具体可感的生长空间。在数轴的两头，孩子心中种下了"更小"和"更大"的极限思想的种子，也播下了探索和创造的种子。

一个学期结束了，但学生的学习才刚刚开始。因此，无论何时，我们的教学都既要瞻前，更要顾后，做有"生长力"的教学！

【课例 3】

100 以内数的认识

执教：株洲市天元区泰山学校　吴晨曦
指导：株洲市天元区泰山学校　李黄金

教学内容

人教版《义务教育教科书·数学》一年级下册。

教学过程

一、情境导入，感受比 20 大的数

（1）春天到了，草儿也变绿了，王爷爷家里养的小羊也出来吃草了，看，这里有多少只羊？谁能数一数？

（2）张爷爷家也养了羊。看，相比刚刚的 20 只羊，猜一猜，张爷爷家养了多少只羊？

为什么你们不猜二十几？（生：比 20 多得多！）你们猜的都是 100 以内的数，那我们今天就一起来认识 100 以内的数。

二、操作探究，体会 100 以内数的产生

一放：感受数的产生，体会十个十个数的好处

在数学上，我们一般用什么来数数？是的，小棒通常用来帮助我们数数。今天老师还带来了一个新学具：计数块，每个小组至少有一份计数块，那我们就先用小棒和计数块数一数，从 1 数到 40，数完后，在小组内说一说你是怎么数的。

一收：① 零散小棒/ ② 4 捆小棒/ ③ 4 条计数块

（1）聚焦①：你数了多少？你是怎么数的？验证一下是不是这么多？

生：我是一根一根地数的。

（2）聚焦②：你是怎么看出他数出来是 40 的？说说你是怎么做的？

生：我也是一根根地数的，但是我数完 10 根就捆起来了，作为 1 捆。

（3）对比①②：都可以表示 40，谁的能让人一眼就看出他数的是 40？

生：第二种更快，因为最后只要看有几捆就知道是几十了，不需要重新再数了。

(4) 对比②③：这两种方式，有什么相同和不同？

生：相同的是它们都是每 10 个放在了一起，不同的是一个是把 10 根小棒捆起来，一个是把 10 个计数块拼起来，用的学具不一样，合起来的方法也不一样。

师：看来不管是第二种还是第三种，它们都用到了十，这个“十”能让我们数得更快。

如果让你接着数，你会怎么数？

二放：再次数数，体会满十进一

数一数，从 40 再数到 100，并在小组内说说这次是怎么数的。

二收：

(1) 学生上台演示。（一根一根地数，每 10 根就捆成 1 捆，一共捆了 10 捆）

(2) 我们来检验一下他数对了没有？10，20，30，…，100。咦？怎么刚刚你们数了这么久？现在一下子就数完了？

(3) 除了用我们的小棒，刚刚有的小组用计数块也摆出来了 1 个百，仔细观察，它们有什么相同的地方吗？噢！不管我们用小棒还是用计数块，都运用了“满十进一”。

(4) 师：回顾刚刚的过程，我们一根一根地数，每数了 10 根，就做什么了？

生：10 个一就组成了 1 个十。

师：现在有 10 个十了。又有 10 了，你想对这 10 个十做点什么吗？

生：它也满十了，所以也要进一！（学生上台进行操作，将 10 捆小棒捆成 1 大捆）（教师把这个过程板书在黑板上）如果换成计数块呢？（课件呈现，变成了一个正方形）

(5) 师：这 1 大捆，我们称作 1 个百。

师：所以 1 个百里有几个十？

生：10 个十。

那请你再想一想，1 个百里有几个一呢？

生：有 100 个一。

三、开放延伸，体会数的意义

看来你们真的已经会数数了，回到我们刚刚的小棒，用这 1 大捆来表示 100，怎么样？

生：1 大捆小棒虽然能让我们看得很清楚，但是数的时候太麻烦了。

师：我也觉得这样表示 100 太麻烦了，我想更简单一些？怎么办？

三放：用不同的方式来表示 100

三收：

（1）收集计数器拨出来的 3 组不一样的 100，整体呈现。

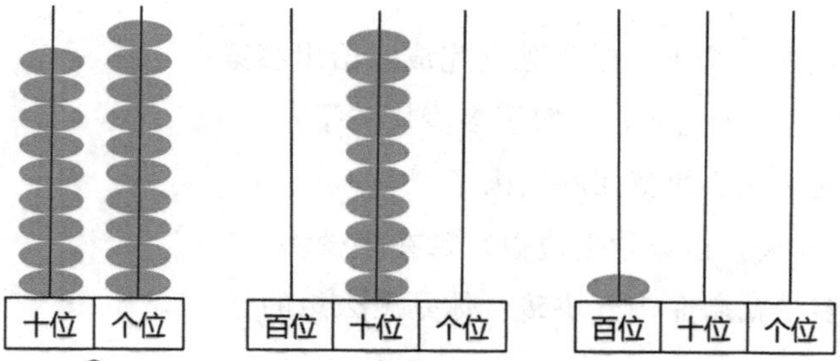

① ② ③

你觉得这 3 组都表示出了 100 吗？为什么？

生：第 1 组个位满十了没有向十位进一，所以我觉得不对。（学生上台拨一拨）

生继续补充：第 2 组十位也满十了，所以也要进一。

师：往哪边进？（生：左边）为什么往左边进？

生：因为个位满十也是往左边的十位进的，所以现在我们也要往左边进一。

师：你们可真善于观察，这样就产生了一个新的数位：百位。它在十位的左边。

师：我们用计数器从 99 拨到 100，进行了几次“满十进一”？

生：2 次。

师：为什么最后用 1 颗珠子就能表示 100 了？

生：因为这颗珠子在百位上，表示 1 个百，所以只要 1 颗就行了。

（2）出示用数字书写 100 的作品。

师：这位同学用数字来书写的。你觉得他这样表示 100 可以吗？能不能结合刚刚的计数器拨数，说说为什么 100 这样写？

生：我们以前学过，10 是个位上没有珠子，所以个位写 0；十位上有 1 颗珠子，所以十位写 1。这里也是一样的，个位和十位都没有珠子，所以都写 0，百位上有 1 颗珠子，所以百位写 1，合起来就是“100”。

四、练习巩固，发展数感

（1）刚刚我们认识了 100 以内的数，在生活中，我们也常常听到 100，那 100 到底有多大呢？我们一起来看看。（播放微课）

看完后，你有什么想法？看来，不同的物体 100 个所表现出来的样子，个头大的看上去很多，个头小的却只有一点点。

看来，你们对 100 已经有了一定的感觉了。

（2）看（课本“做一做”），小熊正在吹泡泡，用你的感觉猜一猜，你觉得这里有多少个泡泡？

能一眼就看出来吗？那我们要借助谁来帮忙了？

生：十

（教师示范，给出 1 个十）学生独立完成并给出答案。

（3）小象要参加搬砖比赛，它搬了多少块砖了？

师：① 怎么这次这么快就回答出来了？

② （再添 5 块，边添学生边数）现在多少块了？

③ 还差多少就搬完 100 块砖？你是怎么想的？

五、课堂小结

（1）通过今天的学习，你有什么收获？

（2）出示数轴：我们以前认识了 20 以内的数，今天通过数数，又认识了 100 以内的这些数。你觉得 100 大约在数轴的什么位置？指一指？如果是 50 呢？

（3）那你想一想，如果接着数，你会数吗？还能产生新的数吗？

我们把 10 个十合起来，变成了一个新的单位——百，请你想一想，再接着数，会不会数到 10 个百，还会产生新的单位吗？

六、作业布置

（1）用今天学到的方法数一数课本第 33 页有多少只羊。

（2）找一找生活中 100 以内的数。

（3）抓一把瓜子或黄豆，先估算一下有多少个，再用今天的方法数一数。

【课例解读】

在数数中，让数感有序生长

株洲市天元区银海学校　肖子莹

一、课标分析

新课标指出：学生经历由数量到数的形成过程，理解和掌握数的概念；初步体会数是对数量的抽象，感悟数的概念本质上的一致性，形成数感和符号意识。

我国著名数学家华罗庚教授曾说“数起源于数，量起源于量”。确实，数是数出来的。数着数着数目就变大了，计着计着单位就增多了。新课标对于“数感”一词的解释：主要是指对于数与数量、数量关系及运算结果的直观感悟。能够在真实情境中理解数的意义；能用数表示物体的个数或事物的顺序；能在简单的真实情境中进行合理估算，作出合理判断；能初步体会并表达事物蕴含的简单数量规律。数感是形成抽象能力的经验基础。

因此我们认为培养数感在认数中的体现就是感悟计数单位的一致，而要让学生在课堂中感悟计数单位的一致具体落实的关键点则在于“数数”，在数数的过程中反复感悟计数单位个数的累加，体会“位值制”和“十进制”在认数中的重要性，经历新计数单位的产生过程，最终达成在计数单位认知上的一致。基于对课标的深入理解，我们把此次要研究的课例“百以内数的认识”的整体目标定位为在数数中认识数，在认识中体会计数单位的一致。

二、教材分析

“100 以内数的认识”是有关数概念的教学内容，纵向上来看，这节课是人教版一年级下册第四单元的第一课时，这一内容属于数与代数中的数与运算主题，是在学习了“10 以内数的认识”“11—20 各数的认识”基础上对数的进一步学习，它不仅是学习 100 以内数计算的基础，也是后面学习千以内数、万以内数等更大的整数的认识、小数的认识的重要基础。

横向上我们对比了多个版本的教材，均以数小棒的活动来突破 10 个十是 1 个百，大多都呈现了数小棒和数计数块两种方式，主题图均呈现生活中数量较多的物体，体现了从生活实际中数具体事物抽象到数小棒和计数块的过程。在北师版和冀教版中，还加入了专门的数实物的一课作为前置，更充分地感受到了数数方式的不同和抽象计数的联系。

我们在对比人教版 2011 版和 2001 实验版教材时，发现两个版本的教材虽说都用小棒和计数块来计数，但 2001 实验版中“10 个十是 1 个百”的十进关系是由学生的对话呈现，而 2011 版用醒目的方式将这一重要知识标记出来。2011 版练习中也增加了大量的、多样化的数数活动，丰富了学生的数数经验，让学生在不同的表征中感受满十进一。

基于对教材的横向和纵向的整体分析，我们决定将“小棒”和“计数块”等素材作为数数的重要学具，不但操作方便，而且容易使学生从一根一根、十根十根或十条十条地数数的活动中抽象出计数单位“一”“十”“百”。

三、学情分析

在一年级上学期，学生认识 20 以内各数，这是认数教学的第一阶段，在一年级下学期，认数范围由 20 以内扩展到 100 以内，这是认数教学的第二个阶段，而且学生在生活中已经有了丰富的数实物的经验，在数学上对于数小棒、数圆片等半抽象的物体也有一定的经验。

虽说学生对 100 以内的数有了一定的认知，但对 100 到底有多大并没有清晰的认识，此外，通过前测我们发现：

（1）学生有一定的数数基础，但数量增加时，数起来容易出错，尤其是“拐弯数”。

（2）学生数的方法比较单一，由于前面学习的数字较小，更习惯一个一个地数。

（3）估算方面的能力和意识相对薄弱。

四、教学建议

因此，我们需要安排更多的实践体验，充分安排数数，运用不同的学具数数，从具体的物体到半抽象的小棒、计数块，再到更抽象的计数器，让学生再次感知十进制计数法则，并在数数中加强数感。

五、教学目标

基于此，我们将这节课的重点定位于数数这一活动，并制定以下教学目标和教学重难点：

（1）学会正确数出 100 以内的数，初步了解计数单位“百”，进一步认识“十”“一”，会用十进制计数法去数 100 以内的数。

（2）通过简单推理感受100以内数的大小，发展学生的数感。

（3）发现计数法则的统一，感悟学习方法的迁移。

（4）在探索新知中体会数学的趣味性，感受数学与生活的紧密联系，进而发展学生的数学眼光。

教学重点：正确数出100以内的数，知道10个十组成1个百。

教学难点：通过简单推理感受100以内数的大小，发展学生的数感。

六、教学实施

1. 借助百羊图，感受数的产生。

利用“百羊图”情境，一方面让学生感知图中小羊比20只多得多，20以内的数不能满足实际生活的需要了，需要学习更大的数。由认知需求激发学生的内驱力，产生进一步学习的欲望。同时，让学生感受数学在生活中的价值。百以内数的认识，就数感培养而言，数的读、写是一部分，但更重要的是对“位值”的体验，它是从“满十进一”的计数过程的物化开始的。教材中对“位值”的物化主要有两种：第一种是小棒，借助生活中的大小概念“捆”“根”；第二种是点、线、面、体的方格图。所以在本节课的数数活动中，结合之前的学习经验将数实物抽象成了数小棒、计数块，并感受到在数数的过程中不断产生新的数。

2. 经历数数，感受“十进制”。

借助小棒或方块经历了两个层次的数数：第一层次，从1数到40，在充分数的基础上，展示学生数数的过程，在数到“几十九”时，追问“下一个数应该是多少?”突破数数的难点，即拐点数。通过计数方法的对比发现十个十个的计数方法更为简便清晰，从而帮助学生有效理解和建构知识，感受“十”在计数中的作用。“如果接着往后数，你打算怎么数?”，第二层次的数数是接着数到100，旨在通过学生经历一十一十的数数过程，引导学生直观理解“10个十是1个百，1个百里有10个十，1个百里有100个一”。

经历数数过程后，教师及时引导学生一起归纳总结：10个一是十，10个十是一百。加深学生对计数单位及其关系的认识，逐步认识十进制计数法。

3. 借助计数器，理解十进制计数法。

十进制计数法则就是满十进一和位值制的结合，基于前两次的数数活动，学生已经充分地感知了满十进一和不同计数单位的大小不同，在后续活动中，我们使用了更为抽象的计数器来数数，让学生直观地感受了每满十就向高一位进一，不仅更好地体现了位值制，还能有效而简洁地表达自然数，同时为后续学习数的组成打下坚实的基础。在课堂的结尾教师追问：“我们以后数数数到了 10 个百还会怎么样？”为后继学习万以内的数埋下伏笔。进一步感受十进制计数法，体会一、十、百以及后续的计数单位之间的进率关系，感受数概念的一致性其实就是对计数单位认识的一致性。

4. 对比、推理发展数感。

新课标指出：“估算在日常生活与数学学习中有着十分广泛的应用，培养学生的估算意识，发展学生的估算能力，让学生拥有良好的数感，具有重要的价值。”在本节课中通过 2 次猜数活动，学生从一开始凭感觉地猜到借助标准量进行对比，从而有道理、有根据、有标准地猜，将感觉具象化。

七、结语

数感更多是对数的一种感悟，它不会像学习知识、技能那样马上见效，需要我们在教学中长期积累，不断交流并逐步丰满，我们始终认为数数是培养数感的基础，通过本节课的数数活动，学生不仅认识了数，还会思考数数的方法和估计数的大小，相信这样的学习经验在他们未来数的认识学习中会给他们带来更多的思考与启发。

【课例 4】

1000 以内数的认识

执教：株洲市天元区滨江小学　谭　茜
指导：株洲雅礼实验学校　黄淑冬

教学内容

人教版《义务教育教科书·数学》二年级下册。

教学过程

一、情境导入

（出示积木混乱摆放的图片）
师：玩具工厂生产了一批方块形积木。
生：哇，好多啊！
师：我们之前学过 100 以内的数，你觉得这个数量超过 100 了吗？
生：我觉得超过了，超了很多。

1. 从以个计数到以群计数。

师：究竟有多少个呢，我们一起数一数吧。怎么数好呢？
生：太乱了，我们可以摆整齐再数。
这样吗：1，2，3……（课件演示：把 10 个小正方体积木垒成一列）
板书：一个一个地数，10 个一是十。
师：如果我们想数快一点，大家可以一起帮忙吗？
生：全部按这么高摆整齐，一十一十地数。
课件对齐第一列整理，都堆得一样高，形成活动一的学习材料。

二、核心推进

一放：整体感知“一千”，初步体验“十”“百”“千”的关系

活动一：数一数，圈一圈，填一填。（10 个一列的小方块，1000 个）

展示汇报：

生①：（一十一十地圈）一列是10个，一列一列地圈，我一边圈一边数10，20，30，…，110，120，130，…，210，220，230，…，450，我还没有数完。

生②：（一百一百地圈）我先数了一列是10个，数完10列就是100个，我就圈在一起，再数10列又是100……圈完第10个圈就是1000。

师：都数对了吗？你觉得哪种办法好？

生：一百一百地圈到一起数得快而且清楚一些。一十一十地数太多了，容易错。

师：同意吗？谁能像黑板上那样说一说这位同学数的过程。

生：一十一十地数，10个十是一百；一百一百地数，10个一百是一千。

小结：看来，数数也是需要智慧的。数数量较多的物体，像这样一十一十、一百一百地整理好，能帮助我们快速数清楚物体的个数。

三、数数（感受“十进”，明确数位顺序，灵活选择计数单位）

二放：在数数中学会以群计数，认识数的意义

1. 数132。

师：工厂要分装132个积木给一车间。

活动二：

（1）数一数：同桌合作，用小棒数出132。

（2）说一说：你们是怎么数的。

展示汇报：

生：我们先数出了10个十是一个百，然后数出3个十，最后数出2根，一共132根。

师：老师这里有3种不同颜色的盒子（绿、黄、红）把你的小棒放进去，怎么能让大家一眼就看出是多少呢？

生操作，绿盒放100根，黄盒放30根，红盒放2根。

师：能看出132根吗？怎么看出的？

生：因为有1个百，3个十和2个一，合起来就是132。

板书：132＝100＋30＋2。

2. 从132数到732。

师：一车间发现积木少了，实际需要732个积木，咱们还能接着数吗？

师：你打算怎么数呢？

生：一百一百地数。

按学生说的，在绿盒子中一大捆一大捆地添小棒，学生一百一百地数，从 132 数到 732。

师：这是 732 吗？谁来说说。

生：这是 732，绿盒子有 7 大捆就是 700 根，黄盒子还是 30 根，红盒子还是 2 根，合起来就是 732。

师：同意吗？板书：732＝700＋30＋2。

3. 从 732 数到 982，再到 999。(灵活选择计数单位数数)

师：刚才大家一起数到了 732，车间又追加了几笔订单，一共需要 982 个，还能接着数吗？怎么数？

生数：还可以先一百一百地数，数到 900，再一十一十地数，数到 80。

师：982 离 999 还远不远，你能接着数到 999 吗？

学生一个一个地数，满 10 就捆起来放入黄盒子中，一直数到 999。

师：999 是个很特殊的数，你知道它特殊在哪里吗？

生 1：有 3 个 9。

生 2：再数 1 个就是 1000。

4. 从 999 数到 1000。

师：我们把这 1 根加进来。

把 1000 根小棒捆成 1 大捆，让学生抱一抱。

师：这是 1000 根小棒和 100 根小棒，你有什么感受？

生：1000 比 100 多得多，重得多。

师：从 999 数到 1000 能用计数器表示吗？谁上来数一数。

一学生拨珠子，其他学生描述过程。

师：刚才我们分别用小棒和计数器都数出了 1000，你更喜欢哪种方式？

生：更喜欢计数器，因为计数器更简便。

三放：发展数感，进一步认识 1000 以内数的意义

1. 灵活数数。

师：同学们会数数了吗？我们用计数器来比比谁数得快。

活动三：小组合作，用计数器边拨边数

出示题组：① 从 286 数到 310；② 从 310 数到 400；③ 从 400 数到 1000。

学生独立练习后上台展示数数的过程，边数边拨。

2. 发展数感。

师：我们不仅要会数 1000 以内的数，我们还要知道它们代表的具体数量（出示

下图）。

师：一盒牛奶有多少毫升？多少盒加起来是1000毫升？

生：一盒牛奶200毫升，5盒加起来是1000毫升。

师：泰山小学每个班约50人，二年级10个班共522人，20个班大约多少人？

生：大约是1000人。

师：我们的数学书有124页，摸一摸有多厚。老师手上有一本第10版的《新华字典》，比一比，估一估，你觉得有多少页？

生1：有300多页。

生2：不对，我觉得比数学书厚得多。感觉有五六本数学书那么厚，我猜有600多页。

师：是的，这位同学有根据地猜，猜得比较接近，字典确实有689页。

3. 感受数序。

师：这是我们刚才学习的数（132、732、400、999、1000）。能不能把这5个数在数轴上表示出来。

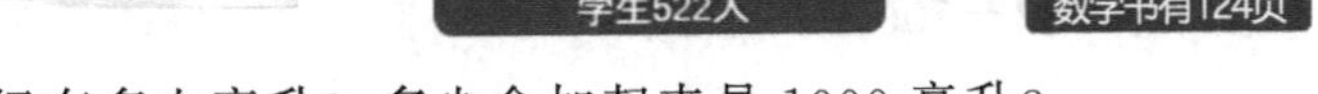

三、拓展延伸

师：《三字经》中提到：“一而十，十而百，百而千……”你们知道是什么意思吗？

生：“一而十”是说10个一是十……

师：那你觉得省略号里是什么？试着说一句。

生：千而万。

师：有一篇古文叫《千字文》，正好1000字。告诉我们人生之道，思想之悟。课后可以找来读一读。

四、课堂小结

师：我们今天怎么研究1000以内数的认识的？

生：（略）。

师：这些知识对你以后的学习有帮助吗？

生1：以后我学习万以内的数，也可以先数数。

生2：我根据推测，万位肯定在千位的左边，而且万位上是几就表示几万。

【课例解读】

在认识自然数中，初步感知数概念的一致性

株洲市天元区新马小学　谢　超

从人教版出发，小学阶段对自然数的认识分为 4 个阶段：第一阶段是一年级上册的“20 以内数的认识”；第二阶段是一年级下册“100 以内数的认识”；第三阶段是本节课的课程，二年级下册“万以内数的认识”；第四阶段是第二学段四年级上册学习的“大数的认识”，把自然数的认识扩充到亿级以上。基于以上对教材结构和地位的分析，依据新课标，考虑到学生已有的认知结构，要让学生体会数是对数量的抽象，感知数的概念的一致性，形成数感和符号意识，我们是这样做的。

一、从数数整理中感受合适计数单位的优越性

人类记数活动的发展有两条主线：其一是记数符号的产生及发展，即从实物符号到象形符号，再到抽象符号；其二是记数方法的发展，即从“一个一个”地数（非进位制）到“一组一组”地数（进位制），从同一个计数符号在不同位置代表相同的值（非位值制）到代表不同的值（位值制）的过程。

在远古时期，刻痕计数是世界上不同民族在文字产生之前普遍使用的一种计数方法，帮助人们记忆数字，他们往往用一竖刻痕表示“1”，但是，其中“一组一组”地数才是记数活动发展的关键。表面上，它只是把相同刻痕计数中的一道道刻痕分组、组合了；本质上，是实现了对信息的压缩与抽象，使复杂、庞大的计数成为可能。这个“一组”就是进位，就是计数单位。然而，如果要表示特别大的数量，有限的计数单位就显得捉襟见肘了，于是，人类创造了位值制。位值制解决了非位值制的问题，但保留了进位制的核心——计数单位。因而，计数制的发展过程，就是计数单位的创造过程，计数单位的产生对计数活动的发展具有决定性的意义。

数学家华罗庚先生说过：“数源于数。”数数活动是认识自然数过程中最基本也是最重要的活动。考虑到学生除了在生活中已经积累了一定的数数经验，还在之前的认数学习中建立了自然数“序”的特性，理解了“满十进一”，掌握了逐一计数、按群计数的方法，因此，我们的导入为学生提供了无序且大量的小方格的猜一猜数量的数数活动。目的有两个：① 明确将无序方格整理为有序的一组一组的“标准”去数一数；② 让学生体验按照“一百一百”这样的标准去数大数的优越性，也为后续产生计数单

位"千"作铺垫。

二、借助多元表征，从数数中感受"十进"的一致性

华罗庚先生同样说过"数缺形时少直观"，对于几百几十这样的数，学生是可以通过自己的思考用学具来表达的。教学中，教师引导学生用小方块、小棒、计数器以及绿、黄、红小盒子多元表征自己对三位数含义的理解，建立数的组成模型。从两个距离不同的数（132—732、982—999）开始数数，感受灵活选择不同的计数单位数数，同时通过几个核心问题发展了学生的位值感和数感：

如：① 999是个很特殊的数，你知道它特殊在哪里吗？3个9表示的意义一样吗？

这里对3个9进行意义分析，分别表示9个百、9个十、9个一，一个数表示什么数值取决于它在哪个位置上，这就是"位值"的含义。

② 再加个盒子表示什么？（出示一个新的蓝盒子）该放哪？

通过999添1的数数活动，针对"拐弯数数"的难点，放慢步伐，引导学生思考和交流，以突出"满十进一"的基本计数规则，使抽象的数感慢慢具象化。数位不够怎么办？学生自发地感受数位生长的需要（增添盒子），帮助学生更好地获得数感并掌握数数的方法。

③ 刚才从999数到1000经历了几次满十进一？这三次满十进一意思都一样吗？

满十进一在不同数位上有不同的含义；虽然三次满十进一的意思都不一样，但都是利用十进位制计算原理进行计数。

④ 刚才我们分别用小棒和计数器数出了1000，你更喜欢哪种方式？

这一追问引发了学生的深层次思考，学生通过分析、比较、推理，判断出在表示更大的数时用计数器更简洁，这也回答了为什么在学习更大的数时常以计数器作为操作工具。

学生通过不同学具认识数，建构数的概念，达成对计数单位、位值制和"满十进一"这些核心元素的整体感知，深刻理解了数的本质。无论一个整数有多大，本质上都是利用十进位制计数原理进行计数，利用0～9这十个数字进行表达，放在不同的数位上就表示不同的含义。

三、从数数中沟通数概念和数运算的一致性

1. 计数制的发展过程，就是加法活动不断优化与完善的过程。

在非进位计数制时代，人类是这样表示11：///////////。这就是最简单的加法活动——通过数数进行累加。到了进位计数制时代，就不需要一个个数了，例如，古埃及象形文字采用十进制，用"｜"表示1，用"∩"表示10，"9"表示100，854就可

以表示为|||999∩∩99999∩∩∩|，其中记数符号的排列往往是无序的。此时的记数活动就是加法活动，至于罗马计数法，则将854表示为DCCCLIV，其中D表示500，C表示为100，L表示为50，I表示1，V表示5，DCCC本质上是500+100+100+100，简称“右加”，IV本质上是5-1，简称“左减”，这种计数方式相当于一种加减混合运算。而到了位值制时代，计数活动变得更加简洁，十进位制是中国古人的伟大创造，854就表示为𝍧𝍭𝍣（本质上是800+50+4），所以从本质上来说计数就是加法活动这一点没有改变。

2. 整数加减法算理与算法：先将每一个数按计算单位进行分解，再将相同计数单位上的数字相加减。

我们知道，整数加减运算的关键是相同计数单位上的数字相加减，计数单位不变。回归到本次教学中，教师对132、732、982这三个数进行了不同的位值的解释，并板书了“132=100+30+2”“732=700+30+2”“982=900+80+2”，抓住了“数数其实就是在数计算单位的不断累加或减少”这一核心本质，通过学具操作的图示表征到抽象算式的符号表征，帮助学生体会数认识和数运算的一致性；同时为未来万以内的加法和减法的整数运算建构了位值制的原则，突出“数”与“运算”的一致性。

四、在具体和抽象的联系中生长数感

新课标强调数感是一种直观感悟。对数的感悟，一方面要感悟“数是对数量的抽象”，理解数值的大小，另一方面也要感悟“抽象出来的数与生活中具体数量是有联系的”。数感作为小学阶段数学核心素养的主要表现之一，贯穿于整个数学学习的过程，数感的形成并非一朝一夕之事，需要在学习中逐步积累，需要学生自己去感知和体验，因为数感是鲜活的，是持续生长的，是逐渐丰满的。我们的数学课堂就是要通过一个个有效的活动，搭建深度体验的平台，让学生的数感慢慢地生长。

【课例 5】

认识负数

执教：株洲市天元区尚格小学　刘海明

指导：株洲雅礼实验学校　黄淑冬

教学内容

人教版《义务教育教科书·数学》六年级下册。

教学过程

一、开放导入，引发思考

1. 出示视频。

师：从刚才的视频中你看到了哪些数学信息？

生：粮仓运进了大米 2 吨，又运出了面粉 1 吨。

2. 出示粮库管理员小王的登记情况。

粮食进出库记录单

名称	数量
大米	2 吨
面粉	1 吨

师：你们觉得他记清楚了吗？

生：没有，看不出哪些是运进的，哪些是运出的，这样就分不清粮仓到底还有多少大米和面粉。

师：如果是你，你会怎么记录？

二、基于生活需要，初步感知负数

1. 小组合作学习。

师：用你喜欢的方式记录粮食的进出情况，要求能让人一眼就看明白；再和同伴交流你的方法，准备汇报。

2. 展示学生资源。

师：下面三个同学的记录方法把刚才同学们讲的问题记录清楚了吗？你能看明白吗？

粮食进出记录单（一）

种类	数量
大米	运进 2 吨
面粉	运出 1 吨

粮食进出记录单（二）

种类	数量
大米	→2 吨
面粉	←1 吨

粮食进出记录单（三）

种类	数量
大米	＋2 吨
面粉	－1 吨

生 1：我看明白了第一个同学的，他是用文字加数据的方式记录的，很清楚。

生 2：第二个同学是根据视频里车子的行驶路线画不同方向的箭头，表示运进和运出。

师：这两位同学他们都记录清楚了，你更喜欢哪一种记录方式？

生 3：第二种画符号比写字更简洁。

生 4：我觉得画箭头有点不好，如果粮仓换个方向，箭头就要跟着变动，这样就分不清到底哪个箭头是表示运进，哪个表示运出了。

师：同学们都表达了自己的想法，我们继续看第三个同学的，谁来说说他是什么意思。

生 5：第三个同学是把运进来的粮食用加号表示，运出去的用减号表示，也很清楚。

小结：同学们说的这个加号和减号，是指在具体的运算中读“加号”和“减号”，在这里，我们读“正号”和“负号”，老师把它记录下来，如果把运进确定为正，和它相反的运出就为负（板书：＋2 吨和－1 吨）。读作“正二吨”（教师示范读）、“负一吨”（学生读）。＋2 也就是我们原来学过的数 2，生活中一般把“＋”省略不写，我们今天主要来认识像－1 这样的负数。（板书课题）

3. 三种资源对比。

师：这三种记录方式，你最喜欢哪一种？为什么？

生：用“＋”“－”号记录既清晰又简洁。

师小结：早在 2000 多年前，我国就有了正、负数的概念，三国时期的刘徽首先提出正、负数的定义“今两算得失相反，要令正负以名之”，意思是说，在计算过程中遇到相反意义的量，要用正数和负数来区分它们。于是，生活当中有很多像这样表示相反意义的事情，人们为了记录的方便，通常用符号＋和－表示，这就是数学的简洁美。

三、在不同情境中理解负数的意义

1. 列举生活中的负数。

师：正数我们见得多，那负数呢？你还在哪里见过负数？

生 1：电梯的按钮上有负数，如－1 楼和－2 楼。

生 2：我在爸爸妈妈的手机微信上见过，买东西付完钱就会显示负多少元。

2. 在不同情境中感受正负数用来表示一组相反意义的量。

师：请你先想一想这些场景中的正数和负数分别表示什么意思，再选择你感兴趣的图和小组成员说一说。

图1

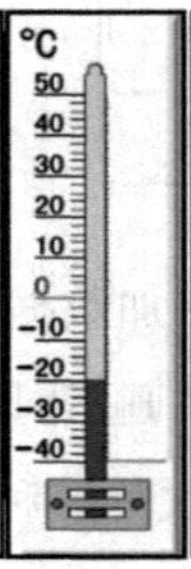

图2

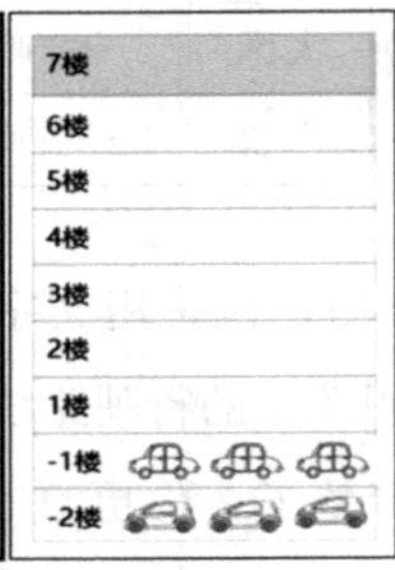

图3

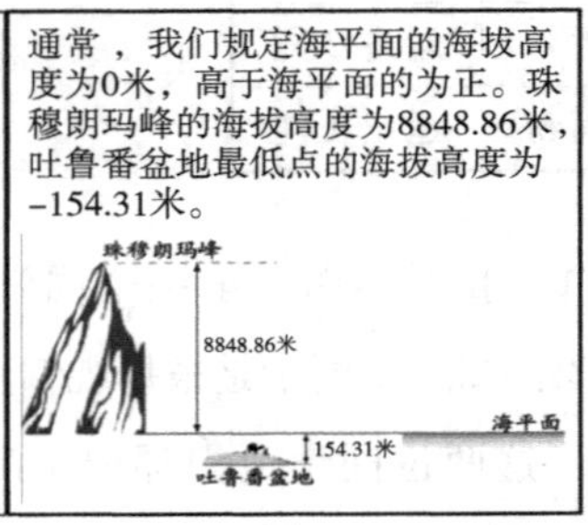

图4

学生小组汇报：4 人一组，每人汇报一幅图。

生 1：图 1 的账单上正数表示收入，负数表示支出。

师：请你选择其中一个正数或负数来具体说说。

生 1：图 1 中“－102.6”表示买水果支出了 102.6 元，“＋105.6”表示收到了 105.6 元。

生 2：我来汇报图 2 的温度计。正数表示比 0 大的温度，负数表示比 0 小的温度。

师：你的表达很清楚，物理学家规定在标准大气压下，冰水混合物的温度为 0℃，比 0℃高的温度我们用正数表示，通常称为零上温度，而低于 0℃的温度用负数表示，称为零下温度。谁来读一读这些温度？

学生读略。

师追问：－10℃和－20℃，谁表示的温度更低？

生 2：－20℃更低，它离 0℃更远一点，说明它更冷。

生 3：图 3 的电梯楼层，正数表示地上的楼层，负数表示地下的楼层，我们小区就有负一楼和负二楼。

生 4：图 4 中正数表示高于海平面，负数表示低于海平面。

3. 对比 4 幅图的正、负数含义。

师：这些不同场景中的正、负数是否有着共同的特点呢？

生 1：每组的意思都是相反的。

生 2：好像语文当中的反义词一样。

师：每幅图的场景虽然不同，但用正、负数表示的都是一组相反意义的量。

4. “0”的再认识。

师：老师发现温度计上除了那些零上温度和零下温度，还有个 0℃，这个 0 是正数还是负数呢？请你跟同伴交流下想法。

师：0℃是零上温度和零下温度的分界点，而 0 是正数和负数的分界点，它既不是正数也不是负数。

师：温度计上的正数和负数有 0 这个分界点，那其他场景中分界点“0”又在哪里呢？

学生上台圈一圈、指一指，并说一说。

5. 再次感受正负数表达的便捷。

师追问：生活中这么多的相反意义的量通过“＋”和“－”这两个小小的符号就都能记录下来了，你有什么感受呀？

生：真是太方便了，就不用写很多字那么麻烦。

师：（小结）这就是负数表达的简洁美，古人的智慧真是让人敬佩。其实，“＋”和“－”也不是一开始就有了，而是经过了漫长的演变过程，我们一起来看一下。

播放视频。

四、体会负数在生活中的应用

1. 用正负数记录生活中表示相反意义的量。

师：生活中的这些情况怎么记录最简洁？

出示：1 路公交车在神农公园站上车 5 人，下车 8 人；市图书馆今日购入新书 130 本，损坏报废 12 本。

生 1：上车 5 人可以记为＋5 人，下车 8 人记为－8 人。

生 2：购入新书 130 本可记为＋130 本，损坏报废 12 本记为－12 本。

2. 发现生活中更多场景中的相反意义的事物。

师：生活中还有很多用简洁的＋、－号表示这种相反意义的量，谁最会用数学的眼光观察世界？

生 1：我发现电风扇开关上用＋、－表示风力的大和小。

生 2：我发现电池上也有＋、－，用来表示正极和负极。

3. 拓展生活中正负数的现实意义。

师：（出示蜂蜜净含量为 375 克±5 克的图片）我还看到了这一种记录方式，这是什么意思呢？我买回来一罐蜂蜜，回家称了下，只有 372 克，你们觉得我需要去找老板退货吗？请跟你的同伴交流一下自己的想法。

学生汇报。

生 1：不需要，我们小组认为 375 克±5 克的意思是可能比 375 克要多 5 克，也可能比 375 克要少 5 克。

生 2：我来补充，也就是说这罐蜂蜜的质量在 370 克到 380 克之间。

生 3：老师买的蜂蜜是 372 克，是在 370 克到 380 克之间的，不用去退货。

师：（小结）同学们已经能用正负数解决生活中的实际问题了，这就是学习数学的意义。

师：（补充更多的生活素材）生活中的商品包装上为什么都会有类似的规定？你猜猜可能是什么原因？

生 1：厂家生产时可能存在误差，做不到那么精准。

生 2：在运输过程中可能会热胀冷缩，对质量有一定的影响。

……

师：同学们都善于思考，也善于留心观察生活，感受生活中的事物。这是老师在网上搜索到的结果，我们一起来了解一下。

出示搜索结果。

4. 在热点新闻中感受数学与生活的联系。

出示近期关于卫龙魔芋爽缺斤少两的新闻。

师：看了这则新闻你有什么感受？

生 1：我觉得商家这种做法不对，要诚信经商。

生 2：看来国家规定包装上要标注含量和误差这些信息确实是必要的，这样消费者就能知道自己买的商品质量合不合格。

师：是的，国家相关法律规定包装上要注明含量或误差等这些信息，能够让消费者清晰地感受商品价格，还能保护消费者权益。同学们也可以留心观察，如果遇到类似的问题，要用正规途径维护自己的权益。

五、巩固拓展，深化认识，感悟数概念的一致性

1. 在游戏中进一步区分正数、负数和 0（希沃游戏）。

师：将下面这些数放入对应的篮筐里。

＋1.02　0　－12　＋1　149　10　－58.84　－1　＋37　－5

－35　3.5　－403　12

正数　　　　负数

师：通过刚才的游戏你对正、负数有什么进一步的发现？

生1：0是正数和负数的分界点，它既不是正数也不是负数。

生2：我发现负数和我们原来学过的正数一样，也有整数、小数和分数。

2. 在数轴上表示负数。

师：既然负数和原来学的正数一样，是不是也能在数轴上找到负数的位置呢？

师：负数应该放在数轴的哪里呢？

生：正数是在0的右边，那负数应该放在0的左边，数轴要往左延伸。

师：谁上台来边指边说－1在哪里？

生：－1是从0开始往左数一格的位置。

师：你准确找到了－1的位置，－1到0的距离与1到0的距离是一样的，以0为中心，每一个正数都有一个与它对应的负数。谁来说说－5应该在哪里？－12呢？

生答略。

师：仔细观察这条数轴上的正数和负数，你有什么发现？

生1：我发现0往左一格是－1，往右一格就是1；往左两格是－2，往右两格是2……以此类推，正负数是一一对应的。

生2：我发现负数都在0的左边，正数都在0的右边。

师：（小结）我们原来学的正数是比0大的数，在数轴上越往右数就越大，而负数是比0小的数，从0开始，越往左负数就越小，所有的负数都会小于0和正数。（板书：负数＜0＜正数）

六、本课小结，梳理数概念的学习路径

师：同学们，回顾一下我们今天的课堂，结合我们原来学习正数的经验，你觉得在后面我们还可能学习负数的什么知识？

生2：应该还会学负数的计算吧。

生2：正数的大小比较我们已经会了，后面应该也会学负数的大小。

生3：用负数解决生活中的实际问题。

……

师：同学们依据学习正数的经验，能够推理我们今后可能会学习的内容，真是善于联系，在后续我们确实会依据学习正数的路径继续学习负数，今天的课就上到这里，下课！

从“正”到“负”：数系对称性的本质突破

——在真实生活情境中建构负数的概念

茶陵县火田中心小学　陈　博

一、前言

本单元教学负数，对于六年级的学生来说，这部分知识比较陌生。它是在学生已经认识了自然数、并初步认识了分数和小数的基础上，结合熟悉的生活情境，来初步认识负数。学习这部分内容，可以扩展学生的数概念，培养数感，有助于培养学生的应用意识，提高学生运用数学认识世界和解决实际问题的能力。为了解学生的认知起点，我对学生进行了课堂检测。发现学生在现实生活中已大量见过负数，大部分学生能正确地读写负数，并能说出具体情境中正负数的含义。关于分类，需要注意的是，大部分孩子认为零是正数。通过以上分析，确定本节课的教学目标如下：（1）在熟悉的生活情境中初步认识负数，理解正、负数及零的意义；（2）能运用正、负数描述生活中具有相反意义的量，培养学生应用数学知识解决实际问题的能力；（3）渗透数认识的学习结构，引导学生感受数系的扩展，发展数感和符号意识。理解零既不是正数也不是负数，是本节课的重点和难点。

二、联系生活，感悟相反意义的量

1. 初步感知相反意义的量。

本单元教学负数的重点是理解它的意义，初步建立负数的概念。生活中有许多具有相反意义的数量，如收入与支出的金额、体重的增减数量、上升与下降的距离，怎样用数学的方法清楚、简便地表示并区分这些具有相反意义的数量？于是人们发明了负数。本节课的第一部分，选择学生具体生活中遇到的粮食仓库进出情境为素材，帮助学生初步建立相反意义的量，在教学实践中，让学生聚焦用“+”就是正号，“—”就是负号，如果一方确定为正，那么和它相反的另一方就为负，表示相反意义的量。

2. 从不同情境丰富对负数和相反意义的量的认识。

情境1：电子账单。在账单中用正数表示电子账单收入，用负数表示电子账单的支出。在学生已经理解相反意义量的基础上进一步让学生说出其中的意义。仔细想想，

＋102.6 和－102.6，它们有什么区别和联系？符号不同，它们的意义相同吗？引导学生说出＋102.6 和－102.6 表示的是相反意义的量。

情境 2：温度计。在温度计中用正数表示零上温度，负数表示零下温度，同时在教学中，引导学生知道 0℃是水结冰的温度。让学生思考在温度计上表示温度，首先要确定 0℃的位置，也就是在温度计中 0 刻度的重要性，使学生明确感悟到：温度中，0℃是区分零上温度和零下温度的分界点，同时还让学生思考这个 0 是正数还是负数呢？后在教师总结中让学生知道 0 既不是正数也不是负数，解决了本节课的重难点。

情境 3：电梯和海平面。在电梯和海平面中，用正数表示地上的楼层，负数表示地下的楼层，用正数表示高于海平面，用负数表示低于海平面。让学生知道电梯和海平面的分界点分别在地面和海平面。虽然学生缺乏海拔的知识，但“高于海平面”“低于海平面”等概念形象具体，有利于学生体会正数和负数分别表示具有相反意义的量。通过用＋8848.86 米表示海拔 8848.86 米，用－154.31 米表示海拔负 154.31 米，学生又一次联系实际体会到正数与负数的意义，他们对负数的感性认识就更丰富了。

3. 联系已有知识与经验，体会正数与负数在生活中的应用。

在教学中继续扩展生活中的素材，让学生通过公交汽车停靠时乘客的上车和下车，图书馆购进新书和报损的情况，电风扇开关上用＋、－表示风力大小，电池上用＋、－来表示正极和负极等感兴趣、能接受的题材，丰富对负数的感性认识，更好地理解负数的意义。同时让学生理解 375 克±5 克表示这罐蜂蜜的净含量在 375 克上下浮动 5 克，也就是说，产品的实际重量可能在 370 克到 380 克之间。这些都是融入数学知识学习的主题活动，让学生在真实的生活背景下，用数学的眼光去观察、用数学的思维去思考、用数学的语言去表达，在真实的体验感悟中积累活动经验，提升解决问题的能力，形成和发展模型意识、创新意识。

三、新课标核心素养落实

1. 发展学生的数感、应用、创新等核心素养。

数学知识的学习是一个螺旋上升的过程，小学阶段的负数归为“综合与实践”，其目的是以数学活动为载体，让学生在生活中感受、发现、表达具有相反意义的量，并在归纳、比较中感悟负数的价值，即“了解负数的意义”；为后续初中阶段负数的学习打下坚实的基础。

2. 经验迁移，培养自主学习能力。

“同学们，回顾一下我们今天的课堂，结合我们原来学习正数的经验，你觉得在后面我们还可能学习负数的什么知识？”

在核心素养导向的数学课堂中，教师通过“你觉得还可能学习负数的什么知识”的启发性提问，巧妙激活了学生的认知迁移能力。当学生将正数的数系扩充、运算规律、比较方法等已有经验自然迁移至负数领域时，实质上正经历着类化推理、知识重构的深度学习过程。这种“用已知解构未知”的思维路径，恰是叶圣陶先生“教是为了不教”理念的生动实践——教师通过搭建正负数知识体系的思维桥梁，引导学生将数轴延伸、符号转换、运算法则等数学思想转化为可迁移的学习智慧。当学生意识到数学知识螺旋上升的内在规律时，其自主探究的认知能力便悄然生长。这种跨越具体知识的核心素养，终将成为支撑终身学习的坚定底座。

【课例 6】

多位数乘一位数（口算乘法）

执教：株洲市天元区凿石小学　张若璇
指导：株洲市天元区泰山学校　李黄金
株洲雅礼实验学校　黄淑冬

教学内容

人教版《义务教育教科书·数学》三年级上册。

教学过程

一、情境导入，生成探究问题

课件出示：3 个小朋友一起约着去游乐园玩。价目表：旋转木马 8 元，激流勇进 10 元，碰碰车 12 元，过山车 20 元。

师：仔细观察图片，能提出用乘法解决的数学问题吗？

生：旋转木马每人 8 元，3 个人要多少元？

生：玩 6 次激流勇进要花多少钱？

生：坐碰碰车每人 12 元，3 人需要多少元？

师：这里面有些问题我们已经学过，有的还没有学习，你能列算式吗？

生：20×3，12×3。

师：为什么用乘法计算？

生：求 3 个 20、3 个 12 的和用乘法计算。

师：这两个算式和我们之前学过的乘法算式有什么不一样？还能根据表内乘法直接得出结果吗？

引出课题：多位数乘一位数（口算乘法）。

二、核心推进，感悟计算本质

师：我们先来看 20×3 这个算式，结果是多少？你是怎么计算的？

生：我是把 20×3 转化成 20＋20＋20＝60，用加法来算。

生：我是想 2×3=6，所以 20×3=60。

师：为什么用“2×3=6”，就能算出“20×3=60”？我们一起来探究。

1. 探究算理。

活动一：

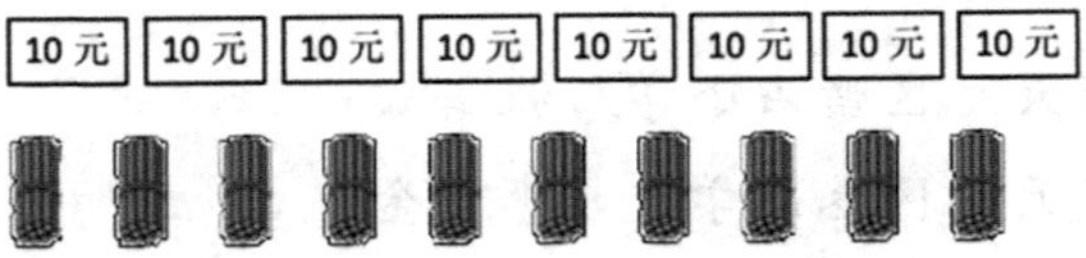

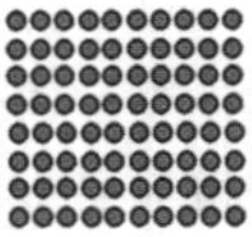

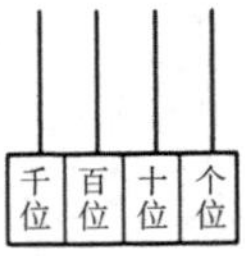

活动要求：

（1）画一画：任选一种学具，圈一圈，画一画，探究 20×3 的计算过程。

（2）想一想：为什么可以先算 2×3=6，再在 6 的后面添一个“0”。

（3）说一说：小组交流你的想法。

汇报展示：

师：请作品的小老师上台来讲方法。

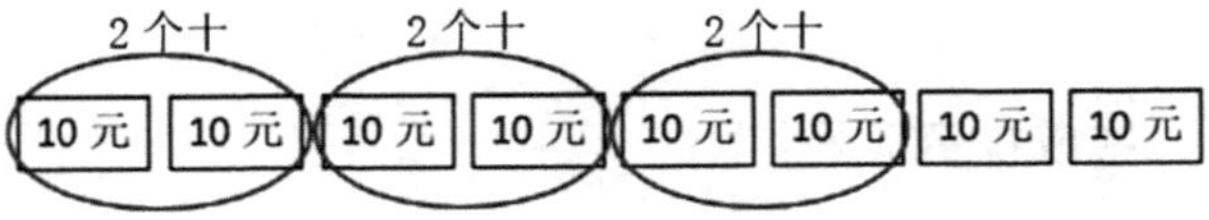

生：2 张 10 元圈成一组就是 20 元，有 3 组，就是 60 元。

生：（见下图）1 捆小棒是 1 个十，2 捆是一组就是 2 个十，有 3 组就有 6 个十，也就是 60 根。

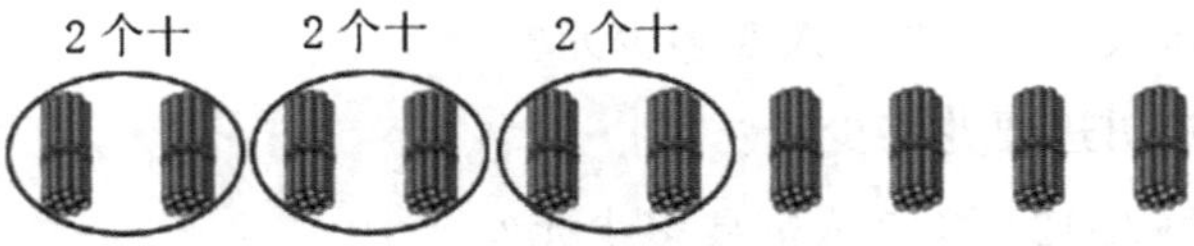

师：（见下图）这位同学的方法里能找到“2×3”吗？

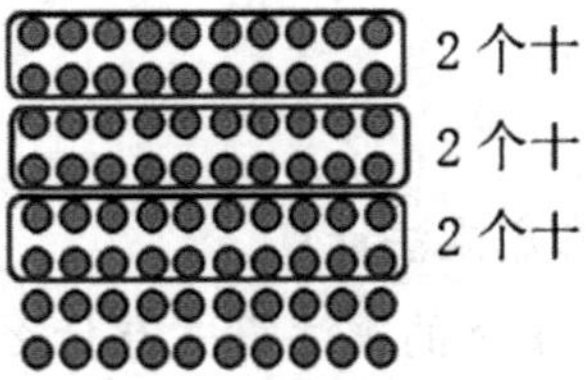

生：一行是 10 个圆，两行就是 20 个，代表一组是 2 个十，有 3 组，一共是 60 个圆。

师：他通过圈一圈，打包成 2 个十。

师：这里有位同学的方法不一样，用了计数器，我们一起来看看吧。

生：（见下图）我在十位先画了 1 颗珠子表示 1 个十，2 颗就是 2 个十，有 6 颗就是 6 个十。

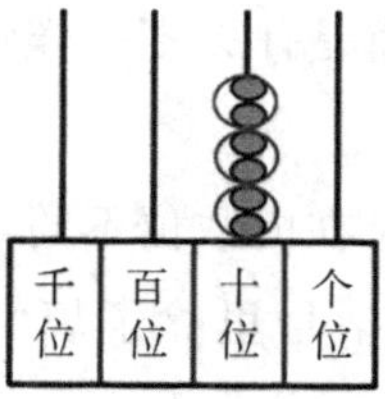

师：像这样的 2 个十有几组？

生：3 组

师在图中圈画：2 个十为一组圈起来，有 3 组。

师：仔细观察这四位同学的作品，你有什么发现？

生：算出来的结果都是 60。

生：都是先算 2×3＝6，再看成 2 个十乘 3 得 6 个十就是 60。

师：（小结）在计算 20×3 时，先把 20 看成 2 个十，再计算 2 个十×3＝6 个十，也就是 60，即在 2×3＝6（二三得六）的结果后面添一个“0”。

板书：　　20 × 3 = 60

　　　　　↓　　　↓

　　　　2 个十　　6 个十

2. 迁移算理。

师：2×3＝6 既可以计算 2 个一乘 3 等于 6 个一，今天发现也可以算 2 个十乘 3 等于 6 个十，它还有可能算的是什么呢？

课件出示（见下图）：

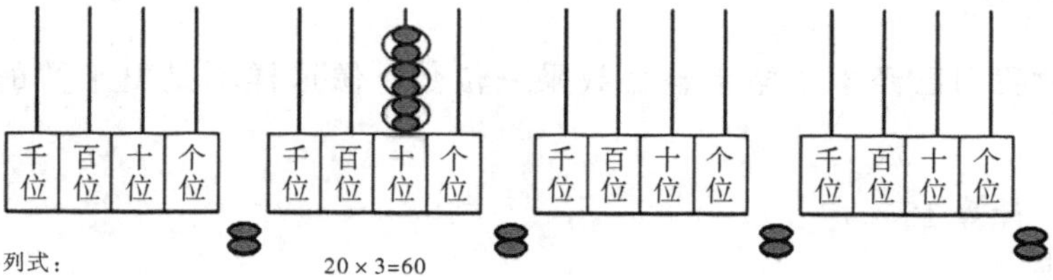

师：谁来摆一摆，并说出算式？

生上台摆一摆后，结果见下图。

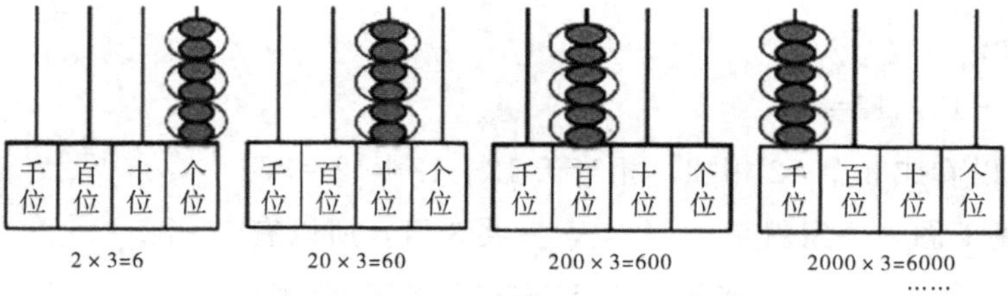

师：仔细观察算式和珠子，有什么相同和不同之处？

生：两颗珠子所在的数位不同，得到的结果也不同。

师：珠子所在的数位不一样，就是什么不一样？

生：计数单位不一样！

师：是的，计数器上两颗珠子所在的数位不同，表示的算式不同，但是都可以用2个（ ）×3＝6个（ ）来计算。括号里除了填个、十、百、千这几个计数单位外，还可以填什么呢？

课件动态演示（见下图）：

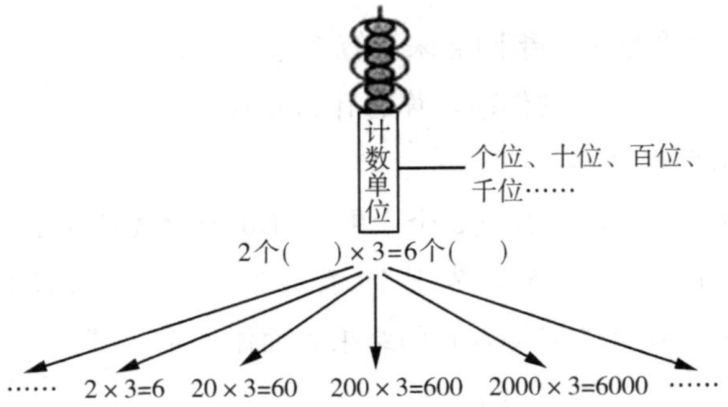

生：2个万×3＝6个万

生：2个亿×3＝6个亿……

师：是的，括号里还可以填更大的计数单位，也可以填更小的计数单位，我们以后都会进行研究。那现在谁能总结一下整十、整百、整千……乘一位数的口算方法？

生：先把0不看，把整十数看成几个十，整百数看成几个百，整千数看成几个千……按照乘法口诀计算出得数后，再添上0。

3. 构建模型。

师：刚才我们已经学了整十整百数乘一位数，像这样不是整十数的又该怎么计算呢？

活动二：计算12×3

活动要求：

(1) 用画一画、写一写、算一算等方式表达计算12×3的过程；

(2) 与组内同学说说你是怎么算的，为什么这样算？

汇报交流：

生1：12＋12＋12＝36。

12×3可以看成3个12相加，相当于12＋12＋12＝36。

生2：（见下图）一组就是12个点，一共3组，所以有36个。

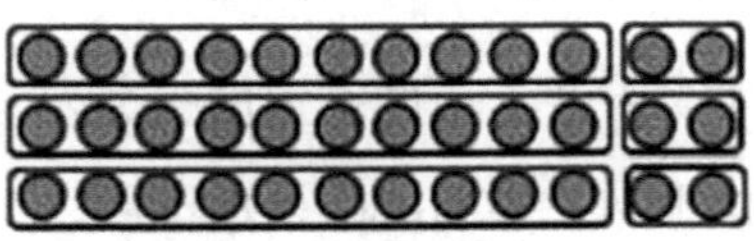

师：这个同学的方法和第一个同学的有联系吗？

生：他们其实是一样的，都是把 3 个 12 合起来。

生 3：10×3＝30

2×3＝6

30＋6＝36

我是把 12 拆分成 10 和 2 再分别和 3 相乘，最后加起来就是 36。

师：这位同学用到了计数器，谁看懂了？

生 4（出示下图）：12 是由 1 个十和 2 个一组成的，都有 3 组，所以有 3 个十和 6 个一，合起来是 36。

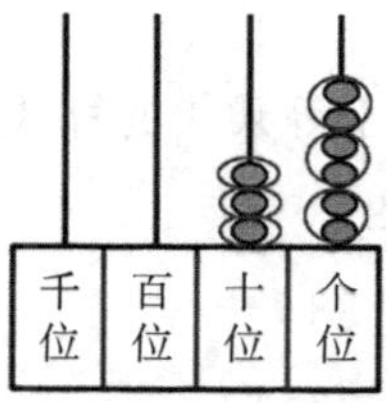

师：仔细对比这几种方法，有什么相同和不同？

生：一种是把乘法转化成加法来算，另一种是把 12 拆开成 10 和 2 来计算。

生：算出来的得数都是 36。

师：虽然方法都不同，但都是想办法将新知识转化成我们学过的方法来算，都是先拆再合。

师：你更喜欢哪一种方法？

生：我喜欢生 3 的方法，因为算起来很方便。

师：是的，根据数的组成，利用计数单位，把 12 分成 1 个十和 2 个一，分别乘 3，就可以用乘法口诀计算了。

师：如果我在 12 前面添一个 1 变成 112 乘 3 又该怎么计算呢？谁来总结一下算法。

生：1 个百，1 个十和 2 个一分别与 3 相乘，再相加，得到 336。

师：计算 112×3＝336 我们用到了哪几句乘法口诀？

生：一三得三，二三得六。

师：“一三得三”这句口诀用了两次，表示的意思一样吗？

生：不一样，第一个 1 是 1 个百乘 3，第二个 1 是 1 个十乘 3。

三、拓展延伸，内化模型

师：刚才大家看到一个算式，想到用乘法口诀进行口算，下面你还能看到口诀想到算式吗？

活动三：（ ）×（ ）＝（ ）

活动要求：

(1) 计算一个多位数乘一位数的算式，只用了“二四得八”的口诀，请你写出这个乘法算式，并算出结果。

(2) 组内交流讨论：看看这样的算式你能写出多少个？

汇报交流：

生：20×4＝80

200×4＝800

2000×4＝8000

……

我写的是2个十、2个百、2个千等乘4的算式。

生：2×4＝8	2×4＝8
22×4＝88	2×44＝88
222×4＝888	2×444＝888

我写的都是2和4相乘，不管写多少个2或者多少个4相乘都可以用“二四得八”的口诀。

师：这样的算式可以写多少个？

生：无数个。

师：为什么同一句口诀可以计算不同的算式？

生：因为它们都是算2个几乘4等于8个几，或者4个几乘2得8个几。

生：计数单位不一样，计算的结果也就不一样。

生：我有补充，原来是什么单位，乘了之后就是什么单位。

小结：多位数乘一位数，通过数位和计数单位，每一位上都可以变成以前学习的一位数乘一位数，只是注意，原来是什么单位，得到的就是什么单位，再把各部分合起来，就是最后的结果。

【课例解读】

建立聚合单位模型，探索乘法运算本质

解读：株洲市天元区泰山学校　李黄金
指导：株洲市天元区凿石小学　胡　佳
　　　株洲市天元区泰山学校　吴晨曦

一、课标要求

“多位数乘一位数（口算乘法）”是数与代数领域中“数与运算”第二学段的内容。对于这部分内容新课标指出：数是对数量的抽象，数的运算重点在于理解算理、掌握算法、感悟数与运算之间有着密切联系。接着分别从“内容要求”“学业要求”“教学提示”3个方面对乘法运算作出了具体的要求：

（1）在具体情境中探索并掌握多位数乘法，感悟从已知到未知的转化。

（2）通过数的认识和数的运算有机结合，感悟计数单位的意义，了解运算的一致性。

（3）数的运算教学应利用整数的乘法运算，理解算理与算法之间的关系。

（4）会运用数描述生活情境中事物的特征，逐步形成数感、运算能力和初步的推理意识。

基于对课程标准的理解，我们意识到进行数的运算教学时，要将算理与算法进行勾连，从数概念的一致性（计数单位）的角度切入，引导学生抓住数的运算的本质，感悟数与运算的一致性，培养学生的运算能力和推理意识等核心素养。

二、教材分析

1. 纵向观察

“多位数乘一位数”这一单元是在表内乘法的基础上进行教学的，后续将进行两位数乘两位数、三位数乘两位数的教学，随后转向小数乘法的教学。

表1　小数阶段整数乘法知识划分

阶段	知识内容	分析思考
第一阶段	乘法的初步认识和乘法口诀	学习乘法的意义，利用乘法口诀计算
第二阶段	1. 多位数乘一位数；2. 两位数乘两位数；3. 三位数乘两位数	基于计数单位将多位数进行拆分，转化为表内乘法进行计算，明晰算理，用竖式准确计算，体会十进位值制的意义及其简洁性
第三阶段	小数乘法	借助积的变化规律将小数乘法转化成学过的整数乘法

从表1中可以看出，整数乘法的基础是表内乘法，关键在于转化思想，而本单元的教学是整数乘法的基础。

2. 横向对比

不同教材都非常注重直观图的使用，多种方法的计算，在数形结合中理解算理，在算法沟通中感受算法的一致性，不管是口算乘法，还是笔算乘法，都是基于计数单位，将数拆解后利用乘法口诀进行运算。都是指向"相同计数单位个数的累加"的运算本源。

三、学情分析

学生已经熟练地掌握了表内乘法，能够正确地口算100以内加、减法。为了解学生真实的学习起点和学习困难是什么，我们对三年级2个处于中等水平的班级进行了学习前测。计算"20×3"，学生基本能正确说出计算结果，问起计算方法，学生的回答如出一辙：二三得六，再添一个0。可见大部分孩子能够灵活运用表内乘法来计算整十数乘一位数了，会算但不知道为什么可以这样算，不会从数概念的角度去解释算理。

因此，这节课得让学生经历算理探究和算法归纳的过程，体会数的建构对数的运算的影响，感悟数与运算的一致性，发展运算能力、推理意识等数学核心素养。

四、教学目标

基于以上分析，我们对本节课设定的目标如下：

（1）掌握多位数乘一位数口算方法，理解算理，并会正确计算。

（2）经历算理探究和算法归纳的过程，培养观察分析、知识迁移、类比推理能力，进一步提高运算能力。

（3）学会解决生活中的实际问题，发展应用意识，提高学生学习数学的兴趣和自信心。

五、设计思路

1. 领会算理，凸显运算本质。

本节课对于学生来说，掌握20×3的算法并不难，真正难点在于算理的理解。活动中计算20×3，为什么只需要算2×3=6，再在6后面添一个0？让学生经历画一画、圈一圈、说一说的探究过程，在生生对话、师生对话的思维碰撞中明确"2"和"3"在直观图中代表的意义，层层设计都指向"为什么可以先算2×3"。"仔细观察这4位同学的作品，你有什么发现？"不同的素材都解释了为什么可以先算2×3，再添0？其本质就是把20看成2个十，2个十×3=6个十，初步感受运算的本质其实就是计算计数单位个数的运算，领会算理，凸显运算本质。

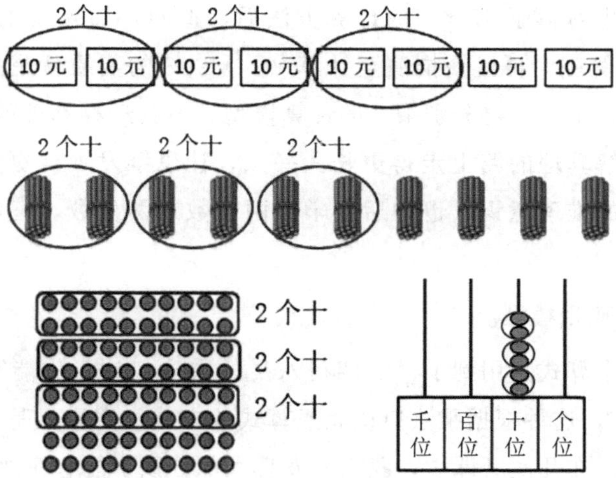

2. 迁移算理，构建模型。

“2颗珠子还可以放在计数器的哪些数位上？乘3的结果是多少呢?”，在掌握了20×3的算法和算理的基础上迁移类推掌握2×3，200×3，2000×3的算理。在对比中感受数位不一样，也就是计数单位不同，得数“6”表示的意义就不一样。通过追问：括号里除了填个、十、百、千这几个计数单位外，还可以填什么？有意识地打通整数、分数和小数的计算模型。为后续学习小数、分数的乘法作好铺垫。

仔细观察算式和珠子，你有什么发现？

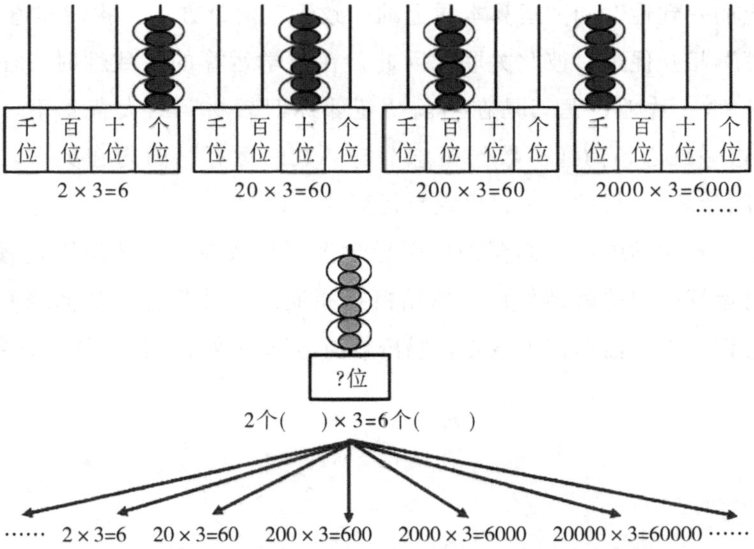

整十、整百、整千……乘一位数的口算方法是？

3. 整合模型，理法通融。

12×3的教学是20×3的深度迁移，教师引导学生经历计算12×3等探究活动，做到算法和算理通融，在算法对比中感受拆乘方法的简便，在算法和直观图的沟通联系中理解算理。在学生习得了12×3的计算方法后，追问：如果在12的前面添1变成112×3又该怎样计算呢？再慢慢推演至计算（ ）×3的实质就是把这个多位数拆成几个百、几个十、几个一，再分别乘3的计算模型。不会迁移算理就谈不上理解算理，我们想让学生在理解算理的路上走得更长久一点，让思维发展得更多一点。在这样的过程中既培养学生的推理意识，也为后续学习两位数乘两位数，三位数乘三位数作好铺垫。

4. 拓展延伸，应用模型。

活动三中“一个算式只用到了‘二四得八’的乘法口诀，你能写出多少个这样的算式？并算出结果”，这种根据乘法口诀联想算式的方式，实质上是让学生从基点出发进行开放性的思考。在几次磨课中，我们都发现大部分孩子能有序地写出4×2=8，40×2=80或20×4=80，200×4=800，推理意识强的孩子还能想到题目要求只用到“二四得八”这句口诀，并没有规定只能用一次，所以他们还想到了44×2=88，22×4=88，222×4=888等。这样的练习形式，除了及时巩固口算方法，提高练习效率，更重要的是使学生进一步理解到一句口诀可以计算“几个不同计数单位乘几”。

六、教学思考

小学阶段数与运算主要包括“数的认识”和“数的运算”，一致性主要体现在“数的概念本质上的一致性”和“运算本质上的一致性”两个方面。我们知道“数的认识”与“数的运算”相互促进、彼此关联。因此，在教学运算的一致性时，往往不能忽视数概念本质上的一致性，尤其是在当前“新课标旧教材”的大背景下，更应该围绕“计数单位”这一核心，沟通“数的概念”与“数的运算”的内在关联，建立“承重墙”，打通“隔断墙”，帮助学生感悟数与运算的一致性。

在今后的运算教学中，我们要加强引导学生用计数单位描述运算过程，引领学生感受一致性对运算过程的联结作用，总结概括相通的运算规律，从而培养学生的运算能力、推理意识。以计数单位为核心，感悟数与运算一致性，促使核心素养落地生根！

【课例 7】

整十、整百数除以一位数

执教：株洲雅礼实验学校　黄淑冬

教学内容

苏教版《义务教育教科书·数学》三年级上册。

教学过程

一、复习导入

师：今天老师要和大家一起上一堂数学课（指向课题），大家齐读课题。

生：整十、整百数除以一位数！

师：第一次见面，我想先了解一下大家的基础。说出算式和得数，把你会的苹果摘到篮子里，这一小组同学来，每人摘一个！

出示：9÷3＝　　　30÷6＝　　　32÷8＝

　　　56÷7＝　　　54÷6＝　　　48÷8＝

生答略。

师：你们是怎么算得这么快的？

生：想口诀！

师：是的，这些都是表内除法，用乘法口诀可以算得又对又快。大家的基础不错，第一个赞送给你们。

师：下面进入今天的学习。黄老师现在教一年级，我买了 60 支铅笔，准备平均分给 3 个班。请看——出示教材主题图（见下图）。

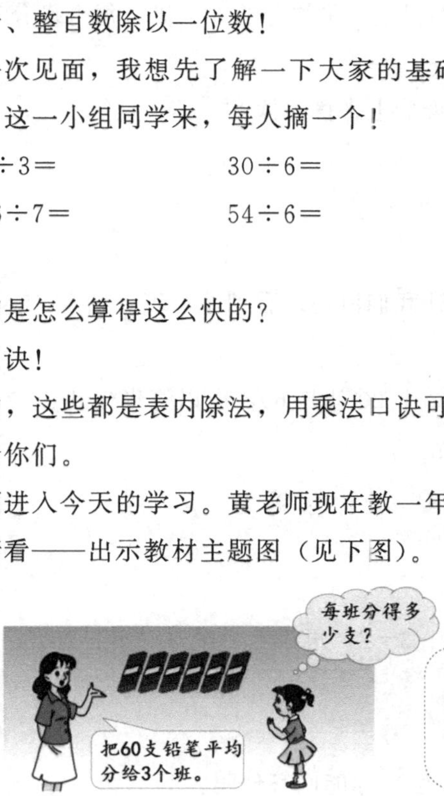

60 ÷ 3 =

学习要求：
1. 独立口算。
2. 你是怎样想的，圈一圈、写一写或画一画。
3. 小组交流，准备汇报。

二、核心推进

一放：自主探究，感悟方法

师：你马上会想到什么数学问题？算式是？

生：每班能分到几支铅笔，算式是 60÷3=20 支。

师：板书 60÷3=，用除法算，对吗？

生：对！因为要平均分。

师：是的，试求每班分到几支，就要把 60 支铅笔平均分成 3 份。

师：这样超过表内的除法，你们都会算吗？

生：会！

师：那请你们拿出学习单，找到活动一。先口算得数，再把你想出得数的方法在图上圈一圈，或者在学习单上写一写、画一画。做完后和小组同学交流。

一收：

1. 呈现收集的资源，让学生自己说算法。

（1）圈一圈，摆一摆。

生：我是用的圈一圈的方法。6 捆铅笔，平均分给 3 个班，每个班分 2 捆，也就是 20 支。所以 60÷3=20 支。

师：可以吗？老师准备了铅笔，谁能上来摆一摆？

生摆略。

师：摆对了没有？

生：摆对了。

师：通过圈一圈、摆一摆，可以让我们清楚地看到，每班分到 20 支。

（2）想乘法算除法。

生：我是自己画的图，我们知道 3 个 20 就是 60，所以每班分到 20 支。

师：他想乘法来算除法，可以吗？

生：可以！

师：再看最后一个同学的。

（3）遮 0 法。

生：我是把 60 的 0 先去掉，想 6÷3=2，再添上一个 0，等于 20。

师：你们有什么想问他的吗？

生：（你）为什么要把 0 去掉？

师：问得好，（示意台前讲述的学生）你能回答他吗？

生：因为这样可以用（乘法）口诀，算出等于 2 以后，我再把 0 加上去，就是一样的了。

师：遮掉 0 不看，那就只要想 6÷3=2 了（板书），如果真的可以这样算，那就变容易了是不是？

师：快看看，可以吗？

生：可以，他也是等于 20！

师：你能在第一个同学的方法里找到 6÷3=2 吗？

生：（上来边说边在黑板上的铅笔图里圈）6 表示 6 捆铅笔，3 表示平均分给 3 个班，2 表示每班分到 2 捆。1 捆是 10 支，2 捆也就是 20 支。

师：原来这时的 6÷3=2 是这样子的。

2. 理解算理。

师课件演示：现在我们一起来看看，60÷3 是怎么变成 6÷3 的？（是的，捆起来。如下图）

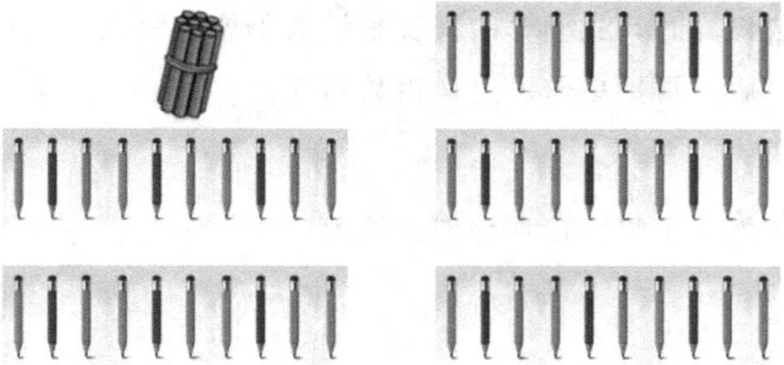

师：（课件演示，见下图）当我们以十为单位，60 个一就变成了 6 个十，60÷3 就变成了 6÷3，回到了我们以前用口诀计算的表内除法了。

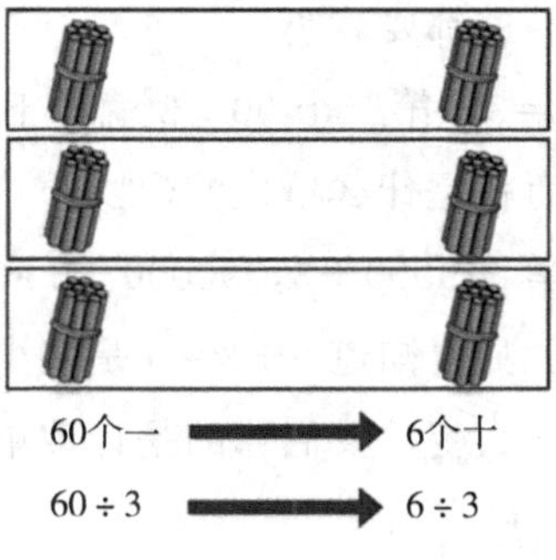

3. 感悟本质。

师：（课件演示）看来 6÷3=2 的 6 可能是 6 个一，除以 3，每份就是 2 个一；也可能是 6 个十，除以 3，每份就是 2 个十。6 还有可能是什么呢？把你想到的在学习单上写一写。

生写，指名汇报。

生：还可能算的是 600÷3＝200（课件：可以吗？）

生：还可能算的是 6000÷3＝2000（课件：行不行？）

师：我把刚才大家说的内容整理了一下（见下图），这些算式，为什么都可以用 6÷3＝2 来口算呢？

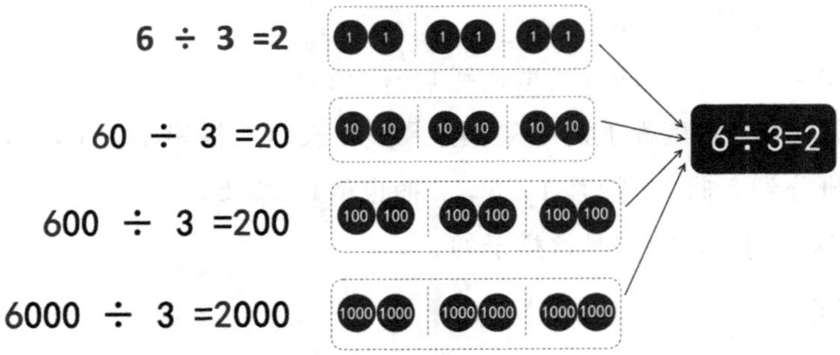

师：是的，它们都是 6 个几除以 3 等于 2 个几。（板书：6 个●÷3＝2 个●）

师：这个几就是 6 的计数单位（出示：计数单位的个数相同。）

师：看来，除法口算时，我们算的其实是计数单位的个数。遮住 0，其实就是把单位先不看，算出得数后，再把单位添上，得数不变。

4. 尝试应用。

师：这样的方法你会了吗？现在我们来练习一下，请打开书第 48 页，完成教材想想练练第 1 题的（1）小题。

学生独立练习。

师：请 3 个同学来汇报，其他同学判断对错。

学生依次口答（略）。对最后一组提问。

师：你们是怎么算的，每一道都要算吗？

生：不用，只要算出 9÷3＝3，第二个 90÷3 就等于 30，第三个 900÷3 就是 300。

师：被除数是什么单位，商就是什么单位？（是的）

师：你觉得我们还要继续学习 9000÷3，90000÷3 吗，为什么？

生：不用！方法是一样的。只要知道 9÷3＝3 是多少就都会算了。

师：是的，无论计数单位怎么变，我们算的是计数单位的个数。

二放：知识迁移，建构算法

师：之前的铅笔不够，黄老师又买了一些，请同学们齐读问题。

生读：把 120 支铅笔平均分给 3 个班，每班分得多少支？

师：会算吗？请同学们独立列式并口算出结果，再和小组同学交流方法。

学生独立解答，小组交流。

二收：

师：谁来说说，你是怎样解答的？

生：120÷3＝40（支）。把120看成12个十，12÷3＝4，所以120÷3＝40。

师：同意吗？（同意）

师：是的，无论数量增加到多少，平均分仍然是用除法来计算！哪些同学做对了？把掌声送给我们自己！

师：但120明明是由1个百和2个十组成，你们为什么把它看成12个十来计算呢？

生：因为“三四十二”。

师：你是根据除数想口诀得到的，可以！还有呢？

师：前面我们是把60个一捆起来，变成6个十，现在有一个整百，怎么反而要拆开变成10个十呢？

生顿住了。

生：一百不能除。

师：不能除是什么意思？

师：如果不拆开，会怎样？

生：我知道，就是一百一百地分，不够每个班分一箱！

师：掌声！

师：（课件演示，见下图）是的，120的百位上只有1，以百为单位来分，1个百不够分给3个班，所以要细分为10个十，合成12个十，再来分。看除数，想口诀：三四十二。

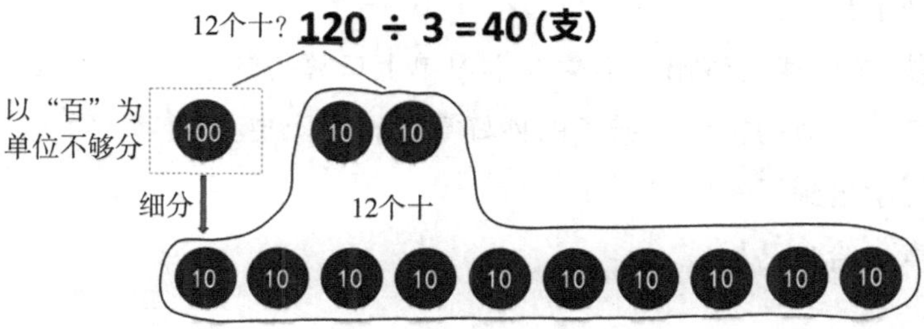

师：我们来比较一下这两次分铅笔的过程，你看它们有什么相同的地方，有什么不同的地方？

生：它们都是把0不看，变成表内除法来口算。

师：是的，120其实也是整十数，12个整十，它们算法相同，那哪里不同呢？

生：一个是两位数，一个是三位数。

生：一个最高位够分，一个最高位不够分。要把一百变成10个十。

师：所以我们算的时候要注意看最高位够不够除。不够除就要细分为比它小一级的单位，合到一起继续除。

三放：巩固练习，掌握算法

师：下面我们就来练习练习。请同学们完成想想做做的第 2 题。

1. 口算下面各题。

270÷4＝	400÷2＝	200÷2＝
480÷8＝	400÷4＝	200÷4＝
540÷9＝	400÷5＝	200÷5＝

三收：

师：下面我们一起来对一下答案。全对的举手！错了的请更正。

师：这个同学错在什么地方？

师：同样是三位数除以一位数，为什么有的商是三位数，有的商只有两位数？

师：我们以最后一组为例说说看。

生：因为 900÷9 百位够除，而 200÷4、300÷5 百位不够除，要看成 20 个十、30 个十来除。

师：同样是整百数，把它看成由什么计数单位组成，需要根据具体情况来定。分的是什么单位，得数就是什么单位。

2. 游戏：抢气球。

师：这节课学习完毕，现在我们来检测一下我们的学习成效。请你拿出学习单，找到游戏区域，不抄算式，直接写得数，看看你能抢到几个气球。准备好了吗？

生：准备好了！

气球以 3 秒/个的速度飘出，学生在学习单上口算得数。

师：核对答案，对的打钩，错了的抄好算式，回家更正。

师：哪些同学抢到了 12 个？

师：把掌声送给自己！

三、回顾整理，形成结构

师：我们今天学习的是整十、整百数除以一位数，看看和之前学习的表内除法有什么关系？

生：我们变成了以前的除法来算的。

师：整十整百数，虽然计数单位变大了，但计数单位的个数仍然是一位数或者两位数，所以，仍然可以通过大单位捆绑，转化成表内除法来计算。

师：像这样的方法策略其实我们早在加减法的学习中就已经在运用。

40＋30＝70	4 个十＋3 个十＝7 个十
700－400＝300	7 个百－4 个百＝3 个百
200×4＝800	2 个百×4＝8 个百
180÷3＝60	18 个十÷3＝6 个十

师：如果以后遇到“246÷2”这样的问题，你会怎么根据数的组成来计算呢？

【课例解读】

搭建细分单位模型，触摸除法运算本质

株洲景炎小学　谭智文

一、课前思考

“整十、整百数除以一位数的口算”是苏教版小学数学三年级上册第四单元第一课时的内容。

本课内容是在学生掌握了表内除法和两、三位数乘一位数的基础上学习的。在“口算除法”一节中，教材安排了两个例题，探究“整十、整百数除以一位数”（例 1）和“几百几十除以一位数”（例 2）的口算方法，在让学生用已有的口算方法解决新问题的同时，为本单元后续教学“除法估算”和“笔算除法”，以及为四年级学习“除数是两位数的除法”奠定基础。

对比不同版本的教材，对这一内容的要求是不一样的。人教版在此基础上，还增加了几十几除以一位数（每一位都能除尽）的口算。但相同之处是，通过对口算算理的探究，借助几何直观，进行口算方法的归纳，并实现两位到三位、整百到几百几十的自主迁移。

口算教学的“根”或者说落脚点应该是在“计数单位”。追根溯源可以让我们的数学课堂灵动而富有生命力，使得深度学习在课堂真实发生。数的运算其实质是“计数单位”的运算，加法是计数单位的累加，乘法是计数单位的聚合，减法是计数单位的消减，除法是计数单位的均分，它们均建立在“计数单位”的基础上进行运算的。可以说，“计数单位”是沟通“数的认识”与“数的运算”的重要桥梁。所以，本课教学基础在于理法融通，将口算的算法建立在理解除法算理之上，让学生深入理解口算的算理，横纵联系，从整体上理解数与运算的一致性——所有运算都可以还原成计数单位的运算，以促进学生对整数除法算理一致性的理解，揭示本质，促进运算能力发展。

老师们在执教这个内容时普遍存在以下几个问题：重操作轻思考；重一课轻关联；重算法轻算理。

基于以上研究，我们制定了以下教学目标：

（1）掌握整十、整百数除以一位数的口算以及几百几十除以一位数的口算方法，能准确口算。

（2）经历整十、整百数除以一位数的口算以及几百几十除以一位数的口算的探究过程，在推理中理解算理，能解释算法。

（3）培养学生的观察、操作和表达能力，感受数学应用“转化”解决问题的思想，感悟运算的一致性。

本课内容承载着学习目标的明、暗两条线：“明线”是能正确口算整十、整百数除以一位数；“暗线”是在对比思考中，感悟转化思想，体会运算的一致性。

二、实施策略

为了有效达成以上教学目标，教学环节采取了复习导入、核心推进、回顾整理三个环节，在核心推进环节采用“三放三收”引领学生思考：

一放：自主探究，感悟方法；

二放：知识迁移，建构算法；

三放：巩固练习，掌握算法。

这三个环节和三个教学目标是环环相扣，层层递进的。能更好地突显数学思想和发展问题解决能力，具体阐述如下。

（一）以活动探究为推手，引导深度学习

要理解并解决“整十、整百数除以一位数的口算”问题，学生除了需要必备的知识基础外，还需具备丰富的经验。这里的“经验”指两个方面：一是知识经验，即加法、减法、乘法的口算方法；二是思维经验，即加法、减法、乘法的口算算理。为帮助学生积累口算经验，寻找口算方法，感悟口算算理，教学时老师采取了下列措施：

措施一：复习导入，有序唤醒。通过“开火车”计算 6 道表内除法口算题，了解学生口诀掌握情况，同时强化“表内除法，用乘法口诀非常好算”的认识。

措施二：善用对比，有序生长。回顾课堂，老师一共安排了 3 次不同层次的对比活动。

活动一：6÷3、60÷3、600÷3 对比。借助小棒图，让学生明白不论哪种方法，都是把 6 个十或 6 个百平均分成 3 份，每份就是 2 个十或 2 个百。初步感悟算法相同，都是根据数的组成，用计数单位的个数进行运算。

活动二：60÷3 与 120÷3 对比。学生根据刚才的经验，计算 120÷3 时很容易知道转化成 12 个十除以 3 来算，但难以理解 1 个百为什么要拆成 10 个十。通过对比分析，使学生明确当百位不够平均分时，需要把较大的计数单位拆分成较小的计数单位，这样个数变多了，再进行平均分。

活动三：400÷4 与 400÷5 对比。让学生明白百位够除时可以直接分，不够除时要细分。

总结出被除数以什么计数单位来细分，结果就会得到什么计数单位。

对比层层深入，引导学生有序思考，理解整十、整百数除以一位数的算理。

（二）以有效问题为驱动，关注思维培养

新课标指出：要重视设计合理问题，问题提出应引发学生认知冲突，激发学生学习动机，促进学生积极探究，让学生经历数学观察、数学思考、数学表达、概括归纳、迁移运用等学习过程。

回顾课堂，老师在哪些环节精心设计了哪几个问题呢？

问题一：在第一个同学的方法里你能找到 6÷3=2 吗？

一石激起千层浪，这一富有启发性的问题激发了学生想进一步研究的兴趣，引发学生之间的交流，又将关注的焦点聚焦到数的组成，更好地感悟“转化”思想。

问题二：这 4 个算式里，什么在变，什么没变？

引导学生在变中找不变，初步归纳除法口算的算法，通过直观演示理解整十、整百数除以一位数的算理，使学生迁移生长，再次感悟转化思想。

问题三：同样是三位数除以一位数，为什么有的商是三位数，有的商只有两位数？

这一富有挑战性的问题，让学生产生认知冲突，使学生的思维在不断的碰撞中走向深入，激发学生勇于探索的精神。让学生归纳总结出当百位不够分，就要细分为低一级的计数单位来表示，对应的结果就会得到细分后的计数单位。

（三）以勾连知识为落点，凸显数学本质

新课标和新教材注重知识的对比关联，注重教学内容的结构化。口算是“数与代数”板块下“数与运算”的重要内容，是学生必须掌握的一项重要运算能力，在学生的数学学习中起着重要的作用。教材从一年级开始按照知识发展以及学生心理发展的逻辑顺序安排了：整十数加减口算、两位数减一位数和整十数、整百数的加减法、口算乘法、除数是一位数的口算、除数是两位数的口算等教学内容。不难看出，加法是所有口算的基础，起着口算奠基的作用。

本课最后呈现“40+30=70”“70-30=40”“400×3=1200”“180÷3=60”四组算式，通过横纵勾连，再次让学生感悟将未知转化成已知的方法策略，进一步体会数与运算的一致性——所有运算都可以还原成计数单位的运算。最后抛出疑问“246÷2怎样利用数的组成计算”将课持续升华，不仅让学生带着思考下课，更有助于学生思维品质的发展。

回顾课堂，我们以整十、整百数除以一位数的口算为例，让学生感受到了数运算的一致性。在“数与运算”教学中，我们倡导要注重迁移，从未知到已知；注重推理，让学生从会算到会想；注重关联，建好核心知识、核心素养的承重墙，打通知识之间的隔断墙，建立起整体的结构。

在计算教学路上，我们会继续努力做到理法融通，把握数学知识的本质，落实核心素养。

【课例 8】

除数是整十数的口算除法

执教：株洲雅礼实验学校　朱香燕
指导：株洲雅礼实验学校　黄淑冬

教学内容

人教版《义务教育教科书・数学》四年级上册。

教学过程

一、游戏激趣

复习导入：接橡果啦，看谁接得多。橡果匀速掉落，学生直接写得数（见下图）。

二、探究新授

（一）揭示课题，引出认知冲突

师：今天我们继续学习口算除法，请看屏幕：有 80 颗糖，20 颗装一袋，可以装几袋？

师：怎样列式？

生：80÷20。

师：80÷20 表示什么意思？

生：80÷20 表示的意思就是 80 里面有几个 20，有几个 20 就表示可以装几袋。

师：包含分，用除法。除数是两位数，你们会算吗？

生1：把80和20后面的0不看，8÷2=4，等于4。

生2：想乘算除，20×4=80，所以80÷20=4。

生3：先把0遮住，8÷2=4，再把0加回来，等于40。

师：出现了2种不同的答案，你们认为哪个是正确的呢？今天我们就来研究除数是整十数的口算除法。

（二）辨析结果，自主探究算理

活动一：

（1）到底可以装几袋，怎样让人一看就明白？

（2）联系经验想一想，可以怎样口算？

1. 多元表征，理解算理。

师：下面我们请同学来介绍一下他们的方法。

生1：我用一个圆代表10颗糖，8个圆就是80颗，每20颗装一袋，就将2个圆圈一份，可以圈4份。（学生画了8个圆，两个圈一起的示意图）

生2：我用线段图来表示的，画8段代表80颗糖，每2段分一份，80里面有4个20，所以80÷20=4。

生3：我画的小棒，1捆代表10颗糖，80颗就是8捆小棒，每2捆小棒为一组，有这样的4组，8÷2=4，80÷20=4。

生4：我直接用的数的组成，80里面有8个十，20就是2个十，8÷2=4，所以80÷20=4。

师：通过刚才的分享，我们可以确认，80÷20=4。

2. 动态推演，加深算理。

师：刚才几个同学都用到了“8÷2=4”口算。这时的“8÷2”代表什么意思呢？

生1：代表8个十除以2个十。

生2：代表8个十里面有几个“2个十”。

师：这样表达，和问题的意思更加一致。

师：80颗糖果，每20颗装一袋，可以装几袋，本来是一颗一颗地装，就是80÷20。但是同学们画的和想的，都变成了8÷2，这时其实是以什么为单位装？

生3：十颗十颗地装！

师：是的！我们一起来看“80÷20”是怎么变成“8÷2”的。（是的，捆起来！）课件动态演示见下图：

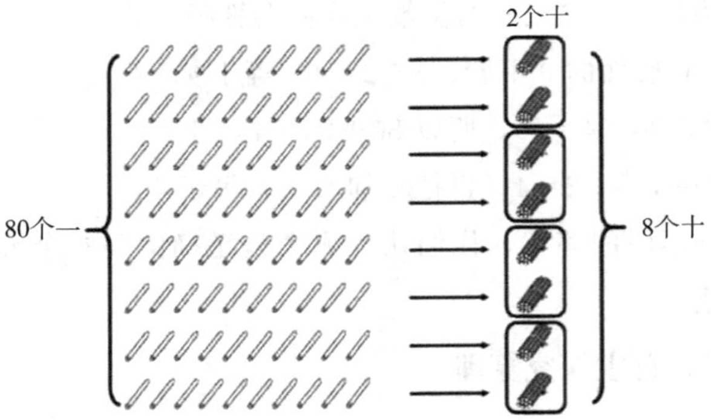

师：以“一”为单位装，和以“十”为单位装，你想说什么？

生4：以“十”为单位装更快！

生5：我想补充，以“十”为单位装，结果不变，速度更快，更好算！

师：说得真好，所以80÷20以“十”为单位捆起来，变成8÷2，算得更快，更好算。都以“十”为单位捆起来，我们可以同时划掉一个0表示。

3. 巩固练习，总结算法。

师：下面我们来练习练习。

算一算：

6~~0~~÷3~~0~~=2	21~~0~~÷7~~0~~=3
9~~0~~÷3~~0~~=3	42~~0~~÷6~~0~~=7
5~~0~~÷5~~0~~=1	15~~0~~÷3~~0~~=5

师：谁来总结一下除数是整十数的除法，是怎样实现口算的？

生：被除数、除数都划掉一个0，然后再除。

师：同学们总结得真好！以“十”为单位捆绑，通过划去0再除，就将算式转化为了表内除法来计算，准确又简便。（板贴：划去0再除）

（三）沟通理法，构建算法模型

师：还有哪些算式也可以用“8÷2”来计算呢？请一个同学来读活动要求。

活动二：

8□÷2□=4

活动要求：

（1）想一想：方框里可以填什么。

（2）填一填：想办法和别人填的不一样。

（3）说一说：组内交流你是怎么想的。

师：“8÷2”还有可能算的是什么呢？（学生举例其他计数单位，教师用计数器辅助表征）

生1：800÷200=4，表示8个百里面有4个200。

生 2：8000÷2000=4，表示 8 个千里面有 4 个 2000。

……

师：这样的计数单位还有很多，想一想还可以填什么不同的呢？

生 3：808÷202=4，表示 2 个 101 为一组，8 个 101 里面有 4 组。

师：你的想象力很丰富，这不是常见的计数单位，但是确实可以用“8÷2=4”来计算。

师：除了填计数单位，还能填其他的单位吗？

生 4：我想到了长度单位，8 米÷2 米=4，8 米里面有 4 个 2 米。

生 5：那我还能想到重量单位、面积单位、时间单位、人民币单位等。

师：大家的思维都打开啦，也就是说只要 8 和 2 的单位相同，那就能转化成“8÷2=4”来计算。也就是说只要方框中的单位相同，就可以用单位的个数直接相除。（板贴“只要单位相同，就可以用个数相除”，和“划去 0 再除”之间用箭头连接）

三、拓展延伸

（一）基础练习

活动三：算完后说一说，要提醒大家注意什么？（体现计算过程）

60÷20=	80÷19≈
180÷30=	86÷40≈
2400÷60=	65÷30≈
4000÷50=	190÷60≈

师：你们是如何快速计算的呢？

生 1：直接划去 0 再除。

生 2：被除数和除数不是整十、整百、整千时，要先估后算。

师：左边这一列我们只需划去 0 再除就行，右边这一列的估算，我们需要先看作接近的整十数后再除。

师：这些题中你还有什么需要提醒大家的吗？

生 1：2400÷60 这道题，被除数、除数要划去一样多的 0。

师：这是为什么呢？

生 2：不然它们的计数单位就不一样了，不能直接用计数单位的个数相除。

师：是的，当被除数和除数的计数单位不一致时，可以将被除数和除数的计数单位统一，再进行计算，也就是划去相同个数的 0 再除。

生 3：4000÷50 这题除了要划去同样多的 0 以外，还要注意划 0 后，400÷5 以“百”为单位不够分，要看成 40 个十除以 5。

师：是的，不够除时，我们就要将 4 个百细分成 40 个十，再去除以 5，算出结果是 8 个十，就是 80。

师：那除数和被除数估算的方法相同吗？

生 4：不同，除数按四舍五入估，被除数要估算成除数的整倍数。

师：是的，你总结得很准确，就如 190÷60 这题，虽然被除数已经是几百几十的数，也要根据除数想乘法口诀，将被除数估算成除数的整倍数。

（二）联系沟通

思考：80○20＝□还可能是什么运算？分别怎么进行口算？

学生汇报，教师对应呈现 PPT。（见下图）

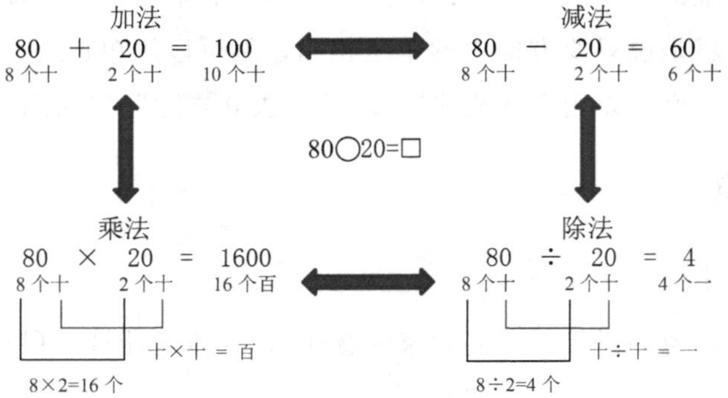

师：我们通过一个算式打通了加减乘除四则运算的口算方法，只要计数单位相同，就可以直接用计数单位的个数进行计算。但是要特别注意的是，乘法与除法在计算时会伴随着计数单位的变化，我们要根据乘除法的意义来加以辨别。

（三）感悟规律

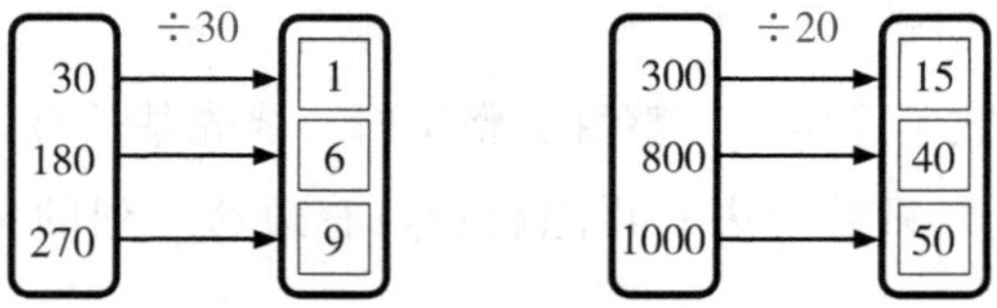

师：口算除法在于练习，你能快速地填出答案吗？

师：你发现了什么？

生：每组中除数相同，被除数变得越来越大，商也变得越来越大。

师：大家不仅能灵活地计算结果，还能观察到其中的变化规律，商的变化规律这种函数思想在本单元后面的内容中我们还会重点探讨。

四、课堂总结

师：通过这节课的学习，你有哪些收获？（略）

【课例解读】

以算理托举算法，构建算法结构化

株洲雅礼实验学校　朱香燕

一、研读课标，把握方向与层次

“除数是整十数的口算除法”是新课标中“数与运算”这一主题的内容，参照各个学段的要求及标准，提炼与本节课相关的核心内容有：

（1）数的运算重点在于经历算理和算法的探究过程，理解算理、掌握算法。

（2）利用运算的意义和联系，将未知转化为已知，感悟运算模型的意义。

（3）数的运算要以运算意义为基础，从算理指向算法。

（4）数的运算具有一致性，体现在计数单位及其个数的计算。

（5）四则运算之间存在着联系，除了运算意义上的联系还有运算方法上的一致。

而第二学段中关于数运算的课程内容与学段目标要求：

（1）在具体情境中，探索并掌握多位数乘除法，感悟从未知到已知的转化。

（2）会运用数描述生活情境中的事物的特征，逐步形成数感、运算能力和初步的推理意识。

（3）通过数的认识和数的运算有机结合，感悟计数单位的意义，了解运算的一致性，培养运算能力。

（4）尝试从日常生活中发现和提出数学问题，探索分析和解决问题的方法，经历独立思考并与他人合作交流解决问题的过程，形成初步的模型意识、几何直观和应用意识。

（5）愿意了解日常生活中与数学相关的信息，愿意参与数学学习活动。在他人的鼓励和引导下，体验克服困难、解决问题的成就，体会数学的作用，体验数学之美。

（6）在学习活动中提出自己的想法，在与他人交流的过程中，敢于质疑和反思。

二、对比分析，感受异同与联系

横向关联人教版、苏教版、北师大版 3 个版本的教材，既有共性，又有特性。共性在于：（1）基于包含除的情境出发，探究口算除法的算法，体现算法多样化；（2）

运用实物直观，感受算理与算法的联系与融合；（3）将算式转化成表内除法计算，让学生感受数学的算法简便性。而特性在于：（1）人教版在口算除法中融入了除法估算，为笔算除法试商做好铺垫，感悟口算除法是笔算除法的基础，体现运算一致性；② 苏教版和北师大版均在第一课时进入笔算除法的计算，早于人教版，从算理上感受商位置的判断。

纵向关联小学阶段有关除法方面的内容，“除数是整十数的口算除法”是人教版四年级上册第六单元第一课时的内容，设立于第二学段必定有承上启下，相互关联的作用。在此之前已有除法的初步认识、表内除法、有余数的除法、除数是一位数的除法等基础；之后还有小数除法、分数除法的进一步学习。因此，除数是两位数的口算除法既是整数除法的终篇，又是小数、分数除法的桥梁。而口算除法作为本单元的第一课时，作用至关重要。除了需要在理解算理的基础上总结算法，还有对口算估算的思考，对笔算除法试商具有关键的铺垫作用。

三、把握学情，寻找起点与路径

为了更好地把握学情、以生为本构建教学设计，在磨课前，对本年级进行了简单的前测。前测内容包括：除数是整十数的口算除法；被除数或除数是非整十数的估算；口算除法的算理表达。结果有如下发现：

（1）90%左右的学生能准确地算出答案，个别学生还在计算过程中体现了划去 0 再计算的方法。说明口算除法的计算是没有问题的。

（2）除法估算题，学生能用四舍五入的方法，先估后算。

（3）在算理表达题中，能真正说清楚的学生很少，只占 5%左右。大部分学生仅用文字或算式体现遮 0 或划去 0 的过程，而不知为什么能这样做。

（4）在出现的错误结果中，发现乘法遮 0 再补 0 的知识负迁移。

四、设计教学，合理设问与推进

（一）揭示课题，引出认知冲突

巧用负迁移：只计算 8÷2=4，但最终算式的结果却出现了两种不同的答案“4”和“40”，由这个认知冲突入手，自然引出“谁是正确的呢？”的疑问，引导学生自主探究算理，验证结果。

（二）辨析结果，自主探究算理

将探究口算算理作为三放三收中的活动一，让学生带着问题自主探究：把 80÷20 转化成 8÷2 来计算，但 8 在哪里？2 又表示什么含义呢？结果是什么？在小组讨论中汇总结论。学生上台汇报中呈现多元化资源，利用实物、小棒、圆片、线段图等表征算理，在圈一圈、画一画中找到8和2，明确80÷20就是求80里面有几个20，其中8代表8个十，2代表2个十，2个十为一份，只能圈出4份，因此8÷2=4就是原式的结果。教师利用课件演示由10个一变成1个十的过程，让学生清晰地看到80÷20到8÷2的转换原理，初步得到“划去0再除”的算法结论：计数单位相同，就可以用计数单位的个数直接相除了。

（三）沟通理法，构建算法模型

将算理与算法的再沟通作为三放三收中的活动二：还有哪些算式可以用“8÷2”来计算？在学生汇报过程中，用计数器辅助演示，明确算理都是求8个（）里面有几组2个（）。计数单位相同时都可以用“8÷2”来计算。那“除了计数单位，你还能填什么？”学生除了有“808÷202”的生成，还有重量单位、面积单位、时间单位、人民币单位，甚至小数、分数的生成，进而拓展到“只要单位相同，就可以用个数相除”。通过算理与算法的再沟通，让学生深刻感受到算理对算法的依托作用，用“8□÷2□=4”构建了算法结构化。

（四）及时练习，算法开放延伸

算理通透，算法明确后，及时地巩固练习十分必要。在练习中要求学生体现计算过程，感受“划去0再除”算法的简便性，同时思考还有什么需要提醒大家？如“2400÷60”划去0的个数要相同，才能保证计数单位相同，再用个数相除。再如“4000÷50”这个算式，划去0再除后，仍不是相同的计数单位，从除法的算理出发，不够除时还需要细化计数单位再除。通过学生辨析讨论，拓展完善口算除法的算法。

除了探究口算除法的算理，估算也是本课需要重点突破的难点，除数是非整十数的估算，学生能轻易地想到四舍五入原则，但被除数是非整十数的估算则不同，学生需细致观察及实践计算，掌握被除数需要根据除数大小来估算，估成除数的整倍数。

五、课后反思，研有所得

（一）关注知识生长起点，着眼学生已有认知

初步设计教学过程时，只关注到大部分学生能计算出结果，而忽略了学生错例背后的知识负迁移（乘法计算先遮0，计算后再补0），同时，急着总结算法，没有关注学生是否真正理解算理的实质。因此在修改后的教学设计中，改为从答案不同的认知冲突下手，通过验证得数是几来让学生主动探究算理。带着问题进入学习，大大激发了学生的胜负欲，从而使说理变得有趣。敏锐捕捉知识生长点，在“答案为什么不同中?”，从学生认知模糊处下手，深挖乘法计算负迁移的本质影响，联系乘法，又区别于乘法。

（二）紧扣计算单元内涵，落实学生运算能力

学生除了会算，还要算对，这就需要有足够多的练习来加以巩固。原教学设计仅有三放三收“说算理”“总结算法”“估算方法”三个活动，没有留给学生练习时间。修改后的设计除了有导入游戏计算活动让学生快速沉下心来，还在理解算理初得算法后马上安排了基础练习，最后还设置了变式练习，让学生有足够多的动笔时间，也让教研落到了教学的实处。

（三）依托算理总结算法，对比分析构建模型

算理是算法的依托，算理不明，只过分强调算法，孩子们的知识建构会出现断层。算理是因，算法是果，有因才有果。

最后的拓展延伸，用一个算式打通加减乘除四则运算，通过对比分析感受四则运算之间的联系，真正实现以算理托举算法，构建运算模型。

（二）小数的认识与运算一致性

【课例 9】

小数的初步认识

株洲雅礼实验学校　黄淑冬

教学内容

人教版《义务教育教科书·数学》三年级下册。

教学过程

一、联系生活，开放导入

1. 抢红包，发现小数。

师：看，今天我带了什么？抢过红包吗？

男、女生各请一人作代表，分别选一个红包点开。

师：我们学过整数和分数，红包上是什么数？

2. 读小数，感知特点。

师：这样的小数你见过吗，谁会读？

指名读，指导读，琢磨读法。

师：像 13.14、0.30、2.88 这样的数叫作小数。

观察小数点的特点，说明并板书小数各部分名称。

3. 链经验，迁移学法。

师：你还在哪里见过小数？

学生举例。

师：是的，生活中像单价、气温、身高、重量等，很多时候都不会正好是整数，今天我们一起来认识小数。

师：联系认识整数的经历，你觉得除了读、写，我们还要学习小数的哪些知识？

板书：读写　数数　含义　组成　大小　计算……

师：这节课我们先来探究一位小数的含义。

二、关联理解，核心推进

1. 联系分数，认识一位小数与十进制分数的关系。

师：小数是怎样使用的呢，利用我们最熟悉的人民币，我们来找找规律。

请看活动一，请一个同学读一下活动要求。

活动一：

（1）画图表示“0.3元”。要求能够看清楚“0.3元”和“1元”之间的关系。

（2）请用“我先画……表示1元，再……表示0.3元”这样的语言，向同桌解释你的想法。

① 交流不同画法。

人民币图示：画出10个一角，圈出3个一角，表示0.3元。

面积图示：1个正方形表示“1元”，平均分成10份，涂出其中的3份，表示“0.3元”。

线段图示：一根线段表示“1元”，平均分成10份，标记出其中的3份，表示“0.3元”。

师：他们都画对了吗，请大家评价或补充。

② 画法不同，为什么都能表示“0.3元”？

生：因为他们都是把1元平均分成10份，取其中的3份。我们知道1元等于10角，1份就是1角，3份就是3角，也就是0.3元。

③ 课件梳理，发现与分数的关系。

师：通过画图，你发现“0.3元”和“1元”是什么关系？

生：0.3元就是$\frac{3}{10}$元。

师：课件演示梳理——把1元平均分成10份，每份就是1角。1角是$\frac{1}{10}$元，也就是0.1元，所以1角$=\frac{1}{10}$元$=0.1$元；3份就是$\frac{3}{10}$元，也就是0.3元。

师：现在圈住的是多少，你现在会用几种数表示？

生：5角是$\frac{5}{10}$元，也就是0.5元。所以5角$=\frac{5}{10}$元$=0.5$元。

④ 拓展情境，增进理解。同学们已经明白以“元”为单位的一位小数的意思了。那如果是0.3米呢，表示什么意思？0.3小时、0.3天呢？

师：你发现小数和分数之间有怎样的联系？

小结：零点几就是一个单位的十分之几。

2. 联系整数，理解小数是单位细分的结果。

(1) 在整数计数器上生成“十分位”。

师：我们以前学习的整数1、2、3……都能在计数器上表示，像“0.3元”这样的小数在计数器上怎样表示呢？

师：独立思考，在学习单的活动二上试一试（见下图）。

活动二：怎样在计数器上表示“0.3”？

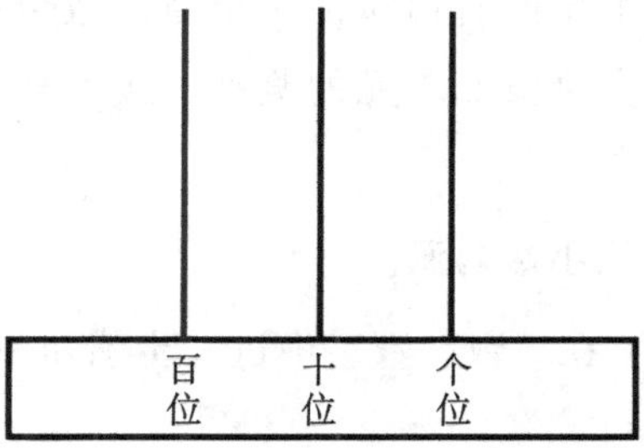

展示交流。

老师收集了这样几种画法。都可以吗？下面我们一起来看看。

生1：我认为不能画在个位上，因为个位是表示3元。

生2：我认为在个位右边增加一个数位的可以。因为个位表示一个个整元，0.3元它只有3角，它比1元小，所以只能画在个位的右边这一位上。

生3：0.3元代表整数部分为0，也就是个位上是0，小数部分为3，所以在个位的右边要增加一个数位，表示这个3。

师：也就是说，小数点是整数部分和小数部分的分界线？

师：那往左边增加一位不行吗？一定是往右边？

生：不行，往左边是越来越大，往右边才是越来越小。

在黑板上的计数器图上板书向左、向右的箭头和“大”“小”。

(2) 关联理解小数的十进特征。

师：数学上还真的就是这样！为了表示比1小的部分，数学家在个位的右边扩展了新的数位——展示计数器的“十分位”，猜猜看，为什么叫“十分位”？

生：因为它是把个位上的1平均分成10份得到的，所以叫作十分位。

带学生用计数器数数：这一位是把“1”平均分成10份得到的，每份就是十分之一，也就是0.1。2份就是0.2，跟老师一起接着数：0.3，0.4，0.5，0.6，0.7，0.8，0.9，10个0.1呢？

生：就是1。

师：是的，满十进一，10 个 0.1 就是 1。接着数 1.1，1.2，1.3，…，1.9，再添一个 0.1 是多少？

师：是的，再添一个 0.1 又满十进一，就是 2。你有什么发现？

生：小数和整数都是满十进一。

师：是不是？边标注边思考——10 个 0.1 是 1，10 个 1 是 10，10 个 10 是 100……

(3) 小结：原来小数和整数一样，都是“满十进一”，遵循同样的计数法则。（板书“十进”）

回到红包页过渡：借助我们最熟悉的人民币，我们知道了零点几就是 1 个单位的十分之几，也知道了必须在个位的右边添加一个新的数位——十分位来表示。还想不想玩？老师给大家准备了很多价值 0.1 元的奖品，接下来，我们继续抢红包，抢到多少老师就兑给你们多少。

3. 三抢红包，进一步认识小数内涵。

(1) 第一、二轮红包雨：在“数一数”中进一步感知一位小数的组成。

第一轮：男生抢。

师：抢了多少，1 个 0.1，2 个 0.1，来，一起数。

第二轮：女生抢，女生数。

(2) 第三轮红包雨，突破 1，认识小数。

师：还想不想再玩？这回给你们加长时间，看你们能抢到多少？

学生抢。

师：这 10 个红包合成了 1 元整，但还多出来了 2 个红包，还是要用小数表示，合起来是 1.2。

拿计数器小结：以前我们学习整数，少的数量我们一个一个地数，多的数量我们一十一十、一百一百地数。今天我们发现小数也可以数，一位小数怎么数？（板书：一个个 0.1 地数，10 个 0.1 就是 1）。

师：不同个数的 0.1 就组成了不同的一位小数。

三、多元表征，沟通延伸

1. 建立数的整体结构。

师：今天我们认识了这么多小数，现在我们来整理整理。把它们放到数轴上去。

出示：你能在下面的数轴上找到表示 0.1—0.9 这些小数的点吗？1.2 呢？

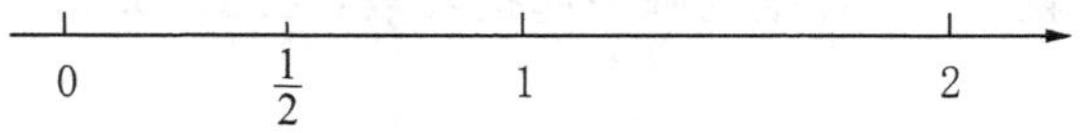

师：要准确地找到，该怎么办？

生：要把“0—1”这一段平均分成 10 份。每一份就表示 0.1，2 份就是 0.2……1.2 也是一样的。

师：现在分好了，我们一起来数一数。0.1，0.2，…，0.9，1.0，1.0 就是 1，接着数，1.1，1.2。

师：还能接着数下去吗？

生：可以！

师：是的，像这样的小数还有无数个。

2. 完善小数的整体认知。

师：在 1.1 和 1.2 之间，还有小数吗？

师：有了小数，数轴上有什么变化？

生：数轴上的数越来越多了，越来越密集了。

生：分得更细了，可以表示得更加精确。

师：今天我们学习了小数的哪些知识？后面我们还要学什么？

四、课后作业

（1）下面的图哪些可以表示 1.2，请在图中把“1”和“0.2”标记出来。

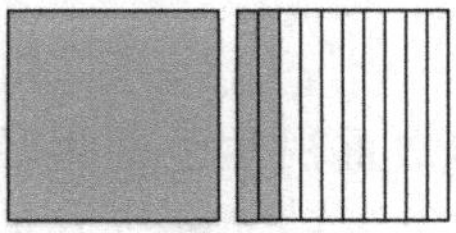

①

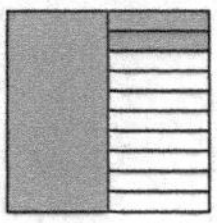

②

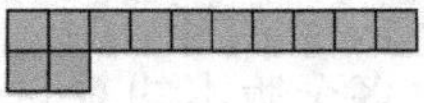

③

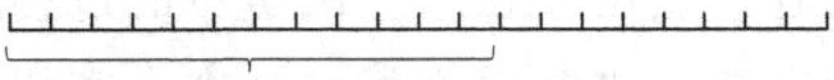

（　）

④

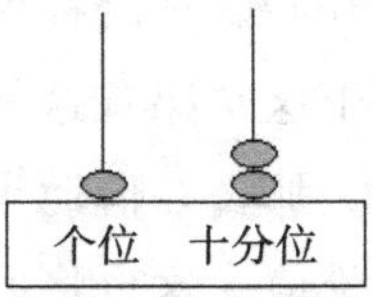

⑤

（2）0.3 千克＝（　　）克，画图并说明理由。

【课例解读】

联结、生成、迁移：让数认识在深度学习中自然生长

株洲雅礼实验学校　王　娜

一、课前思考

在日常教学中，学生在学完这节课，往往会提出这样的一个问题：2.1时是2时1分吗？学生为什么会提出这样的问题？

二、纵深关联定“核心”

小数是学生“数”学习链条中非常重要的一环，它与整数在计算方法和运算规则方面是一致的。这种密切联系的根源在于它们都采用了十进位值制计数法，也就是数位之间具有十进关系。因此，在数概念的认识上，我们可以类比认识整数的经验来认识小数。

横向对比多个版本的教材，发现这一部分内容都非常重视学生的生活经验，应用了人民币模型和长度模型来理解小数的十进位值制。到了小数的意义学习，也仍旧是从这两种模型开始。这两种模型在小数两次认识的过程中，起着非常重要的作用。

新课标关于这堂课有这样的目标描述，提出要在第一次学习的过程中，在具体的情境中去认识。那么，借助十进制模型和非十进制模型相结合来丰富情境的内涵，才能发挥情境的价值；这也将成为认识小数的重要任务。

三、精准前测定“起点”

我们对三年级的30名学生进行了前测。主要考查学生对于小数的认知能力和理解能力两方面。通过前测发现：从生活经验的角度分析，他们都认识小数且都能读出一位小数；但在学习经验方面，学生受到整数读法的影响，能正确读出两位小数的学生却不多，调查显示只有13%。对于小数的含义一半以上的孩子不会或是认识错误，说明学生对于小数的认识是模糊的，不知道整数与小数相同的十进关系。

四、立足生长定“目标”

（1）在具体情境中，借助几何直观，初步认识一位小数，了解一位小数的含义。

（2）借助生活经验，在类比整数的学习过程中，体会小数是十进制计数法往细分方向的发展，感悟数的认识一致性，发展数感。

（3）沟通整数、小数之间的联系，对数的概念形成结构化认识，发展迁移能力和推理能力。

五、精准施策探“路径”

（一）以学定教，扫清阻碍点

为了扫除学生对于两位小数的认读障碍，本课融合了趣味抽红包与生活教育思想，出示在现实生活中见过的小数，以此消除学生与数学课程、老师之间的距离，在交流沟通中完成对简单小数的认读，以便踏上深度学习之路。

（二）联结，感受数认识一致性

（1）“计数单位”统领，数出一致性。带着学生拨计数器，在顺逆互通中数出“满十进一”，以 0.1 为标准数，发现几个 0.1 就是零点几，感受小数也是“数量＋计数单位”表达的一致性。

（2）联结数的意义，分出一致性。数学教学重在求联，实现学一点、见一片，习一题、悟一类，形成立体关联结构，创建具有整体性、系统性、结构化的“类”知识、“大观念”，从而有效培养和提升学生的核心素养。教师创设了活动一，画图表示“0.3 元”后，教师相机追问：平均分成 10 份的过程，让你想起我们曾经学过的什么数？于是，分数$\frac{3}{10}$和小数 0.3 便建立了联系，它们的背后都是因为不够整数 1 而相继产生的。而在活动三，借助在数轴上找数，提出问题：“怎样准确找到 0.1—0.9 这些小数的点？”突出整数 1 的桥梁作用，接着追问，那“在 1.1 和 1.2 之间，还有小数吗？”让学生体会到单位不断细分得到更小单位的过程，成功将小数纳入数系中，建构完整数系。勾连三数概念之间的联系，确实分出了一致性。

（三）生成，走向深度学习

（1）多元表征，激活“十进制”。针对前测中，学生不理解小数的意义这一学情，创设了让学生画图表示“0.3 元和 1 元的关系”的活动，借助人民币图示、面积图示、线段图示等多元表征，核心追问：他们的画法不同，为什么都能表示“0.3 元”？“都是把 1 元平均分成 10 份，取了其中的 3 份。”激活了“十进制”体验，感悟变化的是形式，而数学本质是一致的。

（2）制造冲突，认可“十进制”。创设活动二“你能在计数器上表示 0.3 吗？”这一问题，引发认知冲突，学生在尝试、辨析中创造了新的数位。学生创造的数位是什么并不重要，重要的是学生从内心认可了十进制。

（四）迁移，实现能力进阶

（1）整体感知，迁移数认知结构。本节课，始终站在数认识的大背景下，以整数的认识为学习起点，利用学生已形成的整数认识结构基础，自主迁移小数学习。直至今后遇到正负数学习，也能运用“结构”，促进学生学习的正迁移。

（2）多种模型，类比迁移。在活动一后，先引导学生类比认识 0.1 米，再认识 0.1 小时、0.1 天……，借助单位转换帮助学生实现从一类量到另一类量认知的跨越，弥补了教材对学生小数意义理解的局限。

六、“后测”知成效

课后，用以下两道习题检测学生对学习内容的掌握情况。

作业 1：通过一组有区分度、层次性、又有整体性的学习材料，引导学生找到“1”和“0.2”分别在哪里。既可以检测学生是否真正理解小数的含义，另一方面也能使学生体会到用小数表示图意时，确定单位“1”的重要性。

作业 2：0.3 千克＝（　　）克，非十进制单位的小数，检测学生是否理解小数的本质意义。

题目设计也指向了对小数意义的本质理解。

【课例 10】

简单的小数加、减法

执教：株洲雅礼实验学校　王　娜

指导：株洲雅礼实验学校　黄淑冬

教学内容

人教版《义务教育教科书·数学》三年级下册。

教学过程

一、创设情境，激发兴趣

师：你们知道今天恰逢什么日子吗？今天是第 29 个世界读书日。让我们走进书店，品味书香吧！

1. 这些商品的价格你能看懂吗？

巩固 0.6 元、0.8 元和 1.4 元的意义。

2. 你能提出加法或减法计算的问题吗？怎样列式？

3. 这么多的算式，我们来分分类吧。

一次分类：按加、减法分；按整数和小数分。引出课题。

快速回顾整数加、减法的笔算方法：相同数位对齐，从个位算起……

二次分类：小数加、减小数分为一类；整数加、减小数分为一类。

引出学法——从数小一些的开始。

二、核心推进，掌握一位小数的加、减计算

活动一：

（1）买和，一共要多少钱？

0.8＋0.6＝

（2）买和，一共要多少钱？

1.4＋0.8＝

（3）比贵多少钱？

0.8－0.6＝

（4）比贵多少钱？

1.4－0.8＝

（一）多元表征，理解算理

（1）估一估：它们的结果大约是多少？

（2）算一算：并以"0.8＋0.6"为例，说明你的计算方法。

（3）对比优化：两种方法有什么相同的地方？你更喜欢哪一种？

方法一：

0.8元 + 0.6元

= 8角 + 6角

= 14角

= 1.4元

方法二：

	元		角
	0	.	8
+	0_1	.	6
	1	.	4

（4）练习用竖式计算其他 3 个问题。

（5）回顾反思：列竖式计算时要注意什么？

明确：小数加、减法要注意小数点对齐。

（二）比较辨析，掌握算法

1. 迁移算法，独立探究。

活动二：

（1）比，贵多少钱？

25－1.6＝

（2）买和，一共要花多少钱？

17＋0.6＝

活动要求：

（1）先估一估结果。

（2）挑选一道题，列竖式计算。

（3）组内说说你这样计算的道理。

2. 辨析说理，掌握算法。

呈现正例和错例，让学生辨析说理，明确计算小数加、减法时“为什么要小数点对齐”。

（三）横向勾连，理解算法

1. 独立完成教材第91页第3题：用竖式计算下面各题。

$$\begin{array}{r} 2.1 \\ +\ 4.8 \\ \hline \end{array} \qquad \begin{array}{r} 1.5 \\ +\ 7.5 \\ \hline \end{array} \qquad \begin{array}{r} 8.7 \\ -\ 6.3 \\ \hline \end{array} \qquad \begin{array}{r} 10.0 \\ -\ \ 3.6 \\ \hline \end{array}$$

$$\begin{array}{r} 3.2 \\ -\ 1.7 \\ \hline \end{array} \qquad \begin{array}{r} 14.6 \\ +\ \ 5.7 \\ \hline \end{array} \qquad \begin{array}{r} 31.8 \\ -17.2 \\ \hline \end{array} \qquad \begin{array}{r} 20.7 \\ +14.9 \\ \hline \end{array}$$

（1）集体订正。

（2）追问：计算“14.6＋5.7”和“31.8－17.2”时，遇到了什么问题，我们是怎么做的？

2. 你觉得小数加、减法和之前学习的整数加、减法有怎样的关系？

明确：（1）小数加、减法和整数加、减法一样，都是“满十进一”“退一当十”。

（2）都要相同数位对齐：“小数点对齐”就是“相同数位对齐”。

三、完善结构，整理延伸

（1）梳理学法。

（2）完善结构：其实，我们今天学习的小数加、减法还只是小数计算中的冰山一角，未来还有可能遇到像这样的问题！（板书：6.23＋8.28　8.28－6.5）

（3）迁移学法：如果让你来解决这些问题，你能想到什么方法呢？

【课例解读】

表征、冲突、关联：让运算素养在深度学习中自然生长

株洲雅礼实验学校　唐敏捷

一、琢磨“种子”，精准定位

“小数的加、减法”属于“数与代数”领域下“数与运算”主题。对于小数加、减法的学习，教材将其分为两个阶段，即三年级下册，初步认识小数后，以元、角、分为模型支撑学习一位小数加、减法；四年级下册，学习小数的意义之后，学习位数不同的小数加、减法。本节课王娜老师执教的是第一阶段的内容。像这种同一内容分阶段编排，最容易出现的问题就是定位教学目标时出现偏颇，即在“简单的小数加、减法阶段”过早抽象，在“稍复杂的小数加、减法阶段”又不及时抽象，出现低水平重复的现象。对此，我们认真研读新课标，找到关于本单元的目标描述：（1）强调在具体的情境中理解；（2）能直观地描述小数；（3）会进行一位小数的加、减运算；（4）关联整数运算，初步感悟数运算的一致性。

“简单的小数加、减法”是小学阶段第一次接触小数、学习小数的加、减法，是在学习了整数加、减法和简单分数加、减法基础上学习的数运算，是数的运算在数域上的一次延伸，也是运算能力的重大发展。它为后续学习多位数小数加、减法，小数乘、除法和小数四则混合运算等知识奠定了重要基础。因此，将其作为数运算领域的一节种子课具有一定的合理性。

如何上好这节种子课呢？郭华、俞正强老师在《种子课 3.0——对话深度学习》一书中给我们指明了方向：种子课不是摘一片叶子给学生，而是在学生心里种下一颗蓬勃向上、热爱学习的种子，种下一颗能让学生的知识、方法、能力、品格、境界不断生长的种子。种下种子的过程，就是带领学生深度学习的过程。

二、学情调查，把握重心

奥苏贝尔说，影响学生学习唯一重要的因素就是学生已经知道了什么。我们通过以下四个问题随机对三年级 30 名学生进行了前测，考查学生对小数意义的理解、算理的理解以及一位小数计算的难点。

通过前测发现：学生对用人民币背景的小数意义掌握较好，96%的学生能口算简单的一位小数加、减法，也能将整数加、减法竖式计算的知识迁移到小数加、减法的竖式计算，但只是简单的、机械地模仿。从学生整数与小数加、减的竖式书写的情况来看，学生对算理的认识是非常模糊的，只是基于对人民币的认识理解得出结果。

三、教学实施，精准施策

基于学情了解和小数四则运算起始课的“种子”使命，我们进行了如下教学尝试与解构。

（一）以学定教，确定本课教学着力点

1. 多元表征，情境中理解算理。

针对学生不理解算理的学情，我们借助人民币的情境，让学生聚焦 0.8＋0.6，借助单位换算、画实物图、线段图等多元表征引导学生经历写一写、画一画、说一说的过程，理解算理、明确算法。

2. 大单元整合，变式中突破算法。

根据前测中发现整数加、减小数中学生普遍存在的对位和退位难点，结合教材例 4 解决问题需要计算整数减小数，站在单元整体高度，为扫清学生认知障碍，活动二选用整数加减一位小数的变式练习，理解小数加、减法为什么要小数点对齐的道理，突破理解相同单位的数才能相加、减的教学难点。

本课作为数运算领域的一节种子课，是如何完成它的特殊使命的呢？

（二）立足“生长”，确立本课学习提升点

1. 整体建构，助“种子”扎根。

新标准指出，数学课程最大的特点就是整体性和一致性。本课我们用大单元统筹学习内容，采用“整体—部分—整体”的教学策略，即在知识层面：提供结构化学习内容—通过活动初步感知小数加、减法与整数加、减法意义和算法的一致性—最后着眼整体关联，沟通整数，小数加、减法联系，形成知识结构。助推学生知识整体性建构的深化，为后续学习形成新的生长基点，为种子“扎根”。

2. 渗透方法，为“种子”施肥。

“教是为了不教”。方法层面，本节课采用“分类—从简单地开始研究—与旧知联系比较”的学习方法实践。这是非常重要的学习方法。拿数运算来讲，我们的教材就是一个分类的典范。它首先按整数、分数、小数分为 3 个板块；然后将整数又分为加减乘除四则运算；遵循由易到难的原则，先学加减再学乘除。加减又细分为 10 以内的

加、减法，20 以内的加、减法，100 以内的加、减法，万以内的加、减法四段；每一段里又细分为不进位的、进位的，不退位的、退位的。从容易的不进位、不退位的开始学习，再学习进位的和退位的。

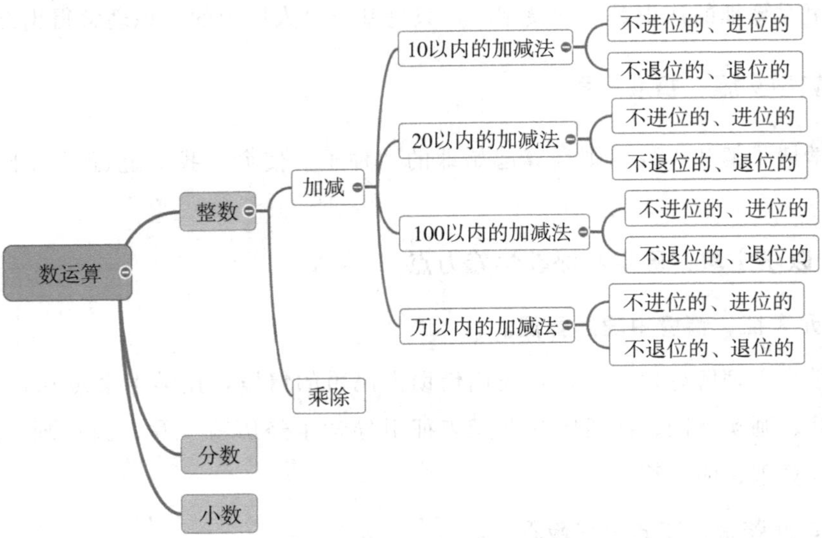

如何把数学这种清晰的方法结构变成学生能够学习到的思维方法？我们利用小数的运算这节起始课，让学生经历了分类，整体把握结构，然后从简单地开始研究，到和已学的整数加、减法联系、比较的这样一个学习过程，让学生初步感悟知识起始学习的方法路径，获得探究的经验。将来，他们继续学习稍复杂的小数加、减法、乘除法，依然可以以这样的方法结构进行学习。通过这样一次次的学法渗透，培养学生自主学习和研究的能力，使其成为一个离开教师也能够“自得”和“自我成长”的人，为终身学习打下坚实的基础。

3. 改进方式，促“种子”生长。

新芽破土后茁壮成长，离不开阳光、水和肥料；数学新知识的“萌芽”也离不开合理问题的引导、学生个体的积极思考和学生群体的相互合作。本节课以学生为主体，改变传统的单一讲授方式，设置大情境、开放的大任务驱动，给学生开放的自主选择权和思考空间，较好地实现了理解算理与形成技能的平衡。养成学生“先估后算再比较”的计算习惯，形成良好的生生互动、师生互动氛围，只有这样，学生才越学越想学，才能促进学生将心中种下的种子，向阳而生，在深度学习中自然生长。

【课例 11】

小数的意义

株洲市天元区教育局　李　吉
株洲醴陵市王仙小学　石　榴

教学内容

人教版《义务教育教科书·数学》四年级下册。

教学过程

一、开放导入

师：生活中，我们会遇到很多数，这些数都可以在数轴上找到相应的点。出示数轴：

1. 快问快答：

① 5 的后面有谁？　　　　生：① 5 的后面有 6，7，8……

② 6 的前面有谁？　　　　生：② 6 的前面有 5，4，3……

③ 5 与 6 之间有谁？　　　生：③ 5 与 6 之间有：5.1，5.2，5.3，5.37……

师：是的，比 5 大，又不足 6 的，可以用小数表示。你还记得小数的使用吗？

2. 量出彩带的长度

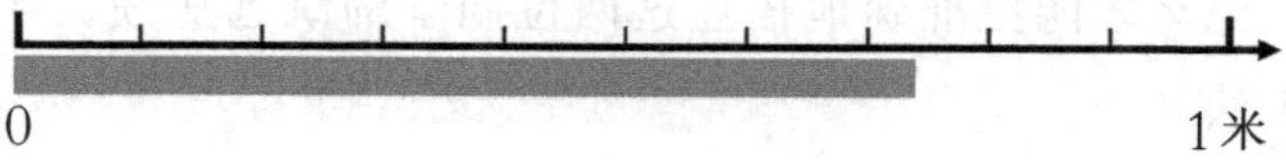

师：这根彩带长多少米？

生：比 0.7 米长一点，比 0.8 米要短一点。

师：你是如何判断的？

生：数出来的。

师：来，上台数给大家看看。

生：（边数边说）0.1 米，0.2 米，0.3 米，…，0.7 米。把 1 米平均分成 10 份，每份是$\frac{1}{10}$米，也就是 0.1 米。这根彩带比 7 份多一点，所以是 0.7 米多。

师：不足 1 米，可以用分数表示，十分之几的分数还可以用小数表示。

（板书：0.7 米＝$\frac{7}{10}$米。）

师：用我们之前学习的一位小数能把它的长度说准确吗？今天我们就来继续认识小数。

二、核心推进

（一）经历两位小数产生的过程

师：生活中也有很多不能用一位小数就说准确的例子，例如我们校运会上的跳远比赛结果。出示跳远比赛情境。

师：跳远是我们经常玩的体育运动，同学们一般能跳多远？

学生自由回答。

师：看看下图中这两位同学谁跳得远？

活动一：

小明：

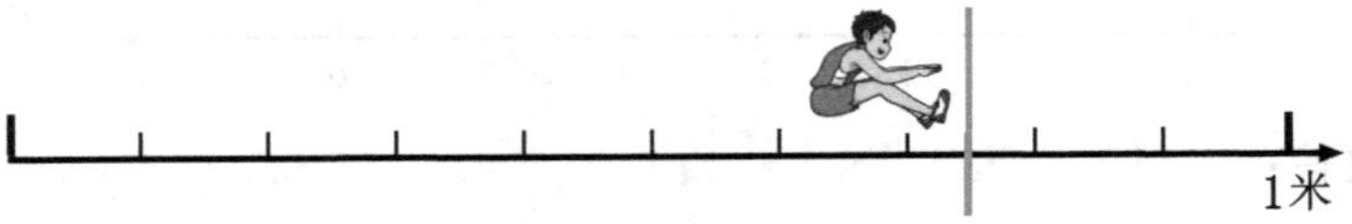

小丽：

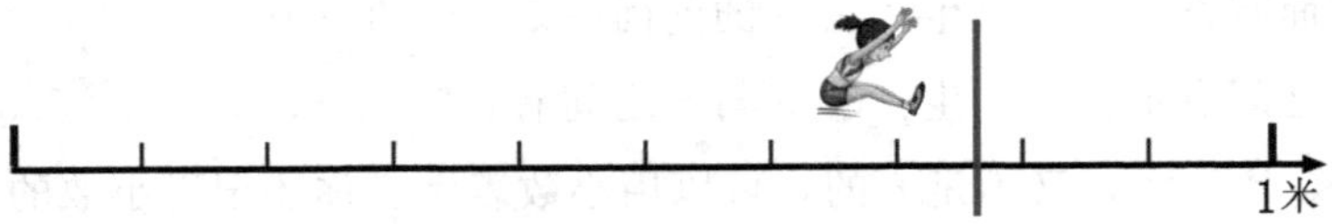

（1）比一比：谁跳得远，相差多少米？

（2）说一说：怎么才能更准确地描述这两位同学的跳远成绩，在数轴上画一画并和同伴交流你的方法。

（3）准备汇报。

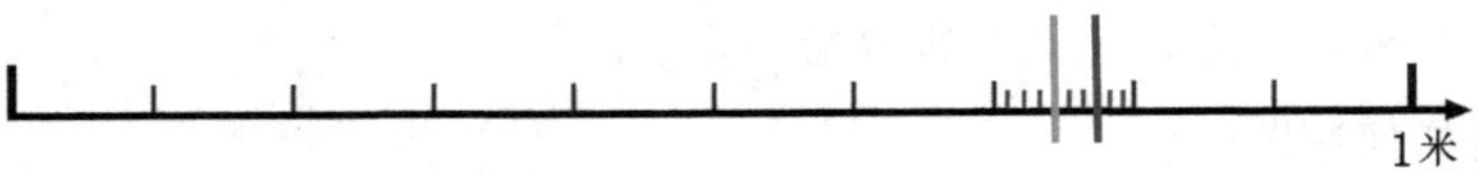

生：我把他们落地的这 1 格均匀分成 10 小格，这样就可以对比出两位同学的跳远成绩了。小丽比小明多跳了 3 小格。

师：这 3 小格代表多少米呢？

生：我们知道整个数轴是 1 米，分成了 10 大格，1 大格就是 0.1 米，那我们再把 0.1 米分成 10 小格，这样 1 小格就是 0.01 米，3 小格就是 0.03 米。

师：其他同学同意吗？你们是如何确定这样的 1 小格就是 0.01 米的？

生：把 1 米平均分成 10 份，每份是$\frac{1}{10}$米，也就是 0.1 米。把 0.1 米再平均分成 10 份，每份就是 0.1 米的$\frac{1}{10}$，所以是 0.01 米。

师：他根据经验推理。还有其他思路吗？

生：把 1 米平均分成 10 份，每份是 1 分米，把 1 分米又平均分成 10 份，每份就是 1 厘米。这里的每 1 小格其实就是 1 厘米。1 米＝100 厘米，$\frac{1}{100}$，用小数表示就是 0.01。

课件演示，总结梳理：$\frac{1}{10}$是 0.1 米，$\frac{1}{100}$就是 0.01 米。

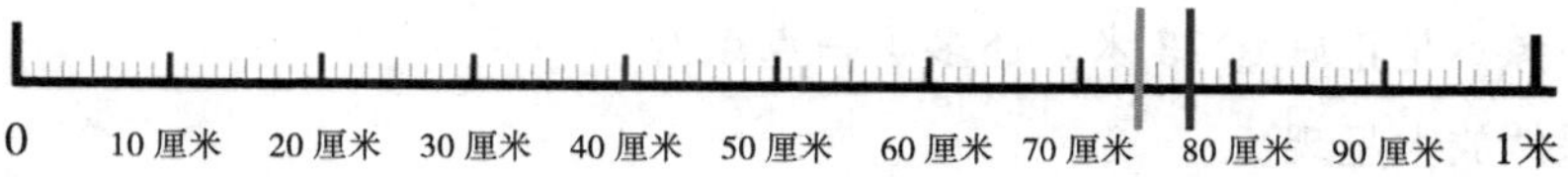

（二）认识两位小数的意义

活动二：

（1）小丽和小明分别跳了几米？

（2）数给你的同桌看。

（3）准备汇报。

生 1：小明跳了 0.74 米，小丽跳了 0.77 米。

生 2：我们组有两种数法。这里是 70 厘米，71，72，73，74，小明跳了 74 厘米，1 米＝100 厘米，74 厘米是 1 米的$\frac{74}{100}$，所以就是 0.74 米。

生 1：我是直接用小数数的。我们知道这样的 1 大格是 0.1 米，1 小格是 0.01 米。那这里就是 0.7 米，0.71，0.72，0.73，0.74，…，0.77，所以小丽跳了 0.77 米。

师：每 1 小格是 0.01 米，“0.01”就是两位小数的计数单位。我们用“0.01”一起来数数看。

生：0.01，0.02，0.03，0.04，0.05，0.06，0.07。

师：7 个 0.01 就是 0.07，所以小丽一共跳了 0.77 米。

师：谁能结合他们的汇报，再来说说这两个小数的含义？

生：（略。）

师：原来两位小数和分数、整数之间有着这样的联系。（板书：0.74 米$=\frac{74}{100}$米，0.77 米$=\frac{77}{100}$米=77 厘米）

尝试应用：

（1）0.77 元表示什么意思？

（2）$\frac{9}{100}=$（　　）（用小数表示）

（三）迁移推理，抽象概括三位小数的意义

师：带着对两位小数的认识，来看看现在我们能不能把这根彩带的长度说得更准确一点。（出示下图。）

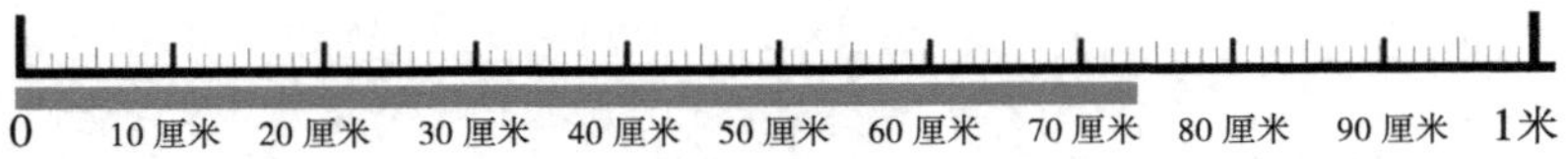

生：彩带长 0.73 米。

生：好像不是正好 0.73 米，还多了一点点。

教师课件放大呈现。

师：确实不是正好 0.73 米，但是又不足 0.74 米。我们的两位小数好像又不够用了，怎么办？

生 1：我们可以在 0.73 米和 0.74 米中间继续分。

师：嗯？

生 2：把 0.73 和 0.74 之间的那 1 小格，像前面一样，再平均分成 10 份，然后看看彩带对着第几小格，就能继续量了。

师：把厘米再继续细分，行不行？

生 3：有，就是毫米！

师：大家同意他们的说法吗？（同意）好，按你们的想法，现在电脑分好了（出示图）。

师：现在看看，这回能量出彩带的长度了吗？请你代表大家上来数一数，读一读。

生：0.735 米。

师：哇，小数部分有三位。谁明白三位小数的意思？

生：0.735 米表示把 1 米平均分成 1000 份，一份就是 0.001 米，也就是 1 毫米，取其中的 735 份，一共是 735 毫米，也就是$\frac{735}{1000}$米。（板书：0.735 米$=\frac{735}{1000}$米）

师：那如果是 0.043 呢？

生：表示把 1 平均分成 1000 份，取其中的 43 份，也就是$\frac{43}{1000}$。（板书：0.043＝$\frac{43}{1000}$）

师：那你知道小数点前面是零的最大的三位小数是多少吗？

生：0.999，表示$\frac{999}{1000}$。（板书：0.999＝$\frac{999}{1000}$）

师：最小呢？

生：0.001 表示$\frac{1}{1000}$。

师：0.001 就是三位小数的计数单位。（板书：0.001＝$\frac{1}{1000}$）

三、梳理提升

师：学到这里，有什么收获？对小数有什么新的认识？

生：我知道了分母是 10、100、1000 的分数可以用小数表示，一位小数表示十分之几，两位小数表示百分之几，三位小数表示千分之几。

师：你一语道破了我们这堂课的重点。那四位小数呢？

生：万分之几。

师：五位小数呢？

生：十万分之几。

生：我还发现，小数的位数越多，表示得就越精确。

师：是的。一位小数的计数单位是 0.1，两位小数的计数单位是 0.01，三位小数的计数单位是 0.001，它们就像测量数量的尺子，计量得越来越精确。

课件演示观察 1，0.1，0.01，0.001 之间的变化过程，沟通三个计数单位之间的联系。

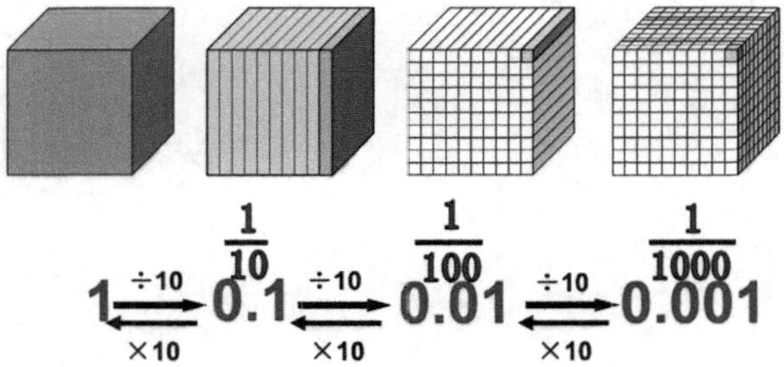

师：你有什么发现？

生：我发现，不论是一位小数，还是今天学习的两位小数、三位小数，它们都和整数一样，相邻计数单位之间的进率都是十。

四、巩固深化

活动三：

看图写出分数和小数。

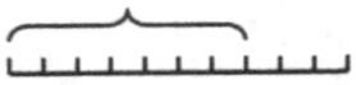

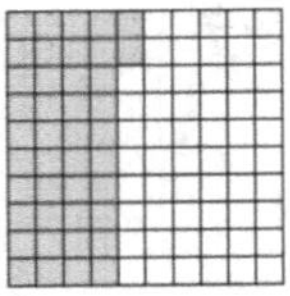

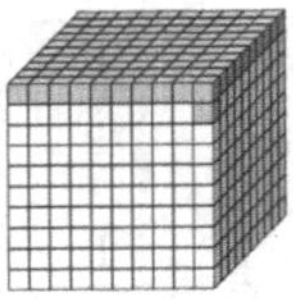

分数（　　）　分数（　　）　分数（　　）

小数（　　）　小数（　　）　小数（　　）

学生独立完成后集体交流订正。教师要注意引导看图，将直观的图形和分数、小数联系起来。

五、课堂延伸

出示奥运会游泳比赛排行榜（9.98 秒，9.80 秒……）、地球绕太阳一周的时间（365.2564 天）、华为芯片的厚度（5 纳米＝0.000000005 米），感受小数的实用性。（略）

师：有了小数才能帮助我们不断精确地计算，精确地生产，我们的科技才能不断得到发展。希望你们将来能够为祖国的建设贡献出自己的力量。

【教学思考】

基于计数单位统整的小数概念建构

——“小数的认识”单元整体教学研究

茶陵县火田中心小学　陈　博

一、课标解读

新课标确立了核心素养导向的课程目标，强调了课程内容的组织重点是对内容进行结构化整合，探索发展学生核心素养的路径。由此可见，素养导向下的教学实践，要突出整体化、结构化，包括一致性。

新课标明确提出了数与运算的一致性。而数与运算在我们小学数学当中涉及整数、分数、小数三个数域，从一年级贯穿到六年级。加、减、乘、除四种运算这么一个庞大的知识群，怎样将零散的碎片化的相关认识，建立起系统化的知识结构，打通它们之间的联系呢？那么结合小数的认识两节课例，谈谈我们的认识和思考。

二、初认识：以生活经验为基，初步感受小数和整数的“一致性”

1. 把握学生的认知起点。

创设有价值的学习过程，对接孩子已有的认知结构，是核心素养进阶提升的过程。什么是小数？小数有什么结构？为什么写个“小”字，是不是很小的数？这是学生对于小数这个词的第一个疑问，很多孩子就以为小数就是有小数点的数或者比 1 小的数。

2. 抓住核心本质，体会进率“十”的一致性。

小数和整数有哪些联系？如何抓核心本质？比如小数的进率是“十”，小数部分第一位是“十分位”，我们是直接告诉，还是让孩子能够在这有认知冲突，让他们在整数进率“十”的基础上，经历细分的过程，自己去创造这个数位？学生也感到很矛盾：能在（个位）旁边再画一个数位吗？叫什么名字呢？有孩子就想到了叫分位、角位、小位等，这是孩子心里对小数最初步的一个认识。生活中购物的经历给了学生认识小数强大的支撑。我们抓住核心本质：小数是整数计数单位往细分方向发展的结果，从整体上认识把握小数的意义。实践证明，学生是能够大胆进行创造的。基于“十进”和“十分”，学生对数位的认识也愈加深刻：向左是越来越大，向右是越来越小，为何叫十分位、百分位、千分位……这样学生在认知冲突的基础上加深了对小数数位、进率的理解和记忆。

三、再认识：以精准表达为索，循着“一致性”建构小数的意义

1. 小数学习的意义是什么？

小数通过细分单位，满足精准表达的需要，这正是小数学习的意义所在。因此，小数学习从“细分”开始，二次认识仍然在精准表达的现实需求中不断细分，进而认识两位小数、三位小数，并自然建立小数的意义。

2. 抓住核心本质，从计数单位的角度去认识小数。

“小数的意义”单元有“小数的意义”“小数的读法、写法”“小数的性质和大小比较”等多个知识点，但核心概念只有一个，就是“小数的意义”。我们来看看这些知识点与小数的意义有怎样的关联呢。小数的意义这节课的重难点就是要理解小数的计数单位。小数的计数单位包括 0.1、0.01、0.001 等，这些计数单位分别表示十分之一、百分之一、千分之一。小数的意义聚焦的一个关键点就是认识小数的计数单位。小数的读写重点是理解小数的组成，涉及小数点移动引起小数大小的变化，也涉及计数单位，由此可见，多个知识点聚焦了小数的计数单位。由此，我们在建立小数概念的时候，要从根本上建立联系，帮助学生从计数单位的角度来认识数。

3. 建立整体知识，感悟数的建构的一致性。

数的认识，无论是整数、小数还是分数，都是“多少个计数单位”的表达：比如 456，由 4 个百，5 个十和 6 个一组成，4.56 由 4 个一，5 个 0.1 和 6 个 0.01 组成的。再如$\frac{2}{3}$，它的意义是什么？从单位的角度来认识，它表示把 1 个单位平均分成 3 份，取其中的 2 份，是这个单位细分的结果；$\frac{2}{3}$还可以看作是 2 个$\frac{1}{3}$的累加。可以从单位的细分及累加这两个角度来认识数，有了这个维度，就打通了整数、小数、分数之间的关联，就能建立起数与运算一致性的桥梁，所有的运算都是相同计数单位之间的操作。

四、思考：教学实践中如何体现一致性

数与运算是小学数学的核心内容，“数的认识”是“数与运算”的基础，认识运算的本质必须回到数的理解，如何将不同的内容，建立起系统化的知识结构。我认为要做到以下几点：

1. 抓住学科的本质。

今后的教学中，我们要不断地学习教材、分析教材，找到教学内容中的核心，从而确定本单元教学内容上的本质共性、思维上的共同点、学习方式上的一致性以及教学设计上的一致性，从而使我们的教学更加有深度。

2. 把好认知起点。

结构化教学的核心是一定要找准学生的认知起点，对接已有知识经验、生活经验，设计有价值的教学活动，引发学生的认知冲突，逐步形成核心素养的进阶过程，使阶段性和整体性达成统一。

3. 整合学习内容。

学生通过深入理解计数单位进而对数与运算的一致性有所感悟，这是一个循序渐进的过程，还需要我们在今后的教学过程中不断地去研究、探索和思考。最终我们要学会用整体的、联系的、发展的眼光看问题，形成学生良好的思维习惯，最终发展数学核心素养。

【课例 12】

除数是整数的小数除法

执教：茶陵县城东学校　彭雪晴

指导：株洲雅礼实验学校　黄淑冬

教学内容

人教版《义务教育教科书·数学》五年级上册。

教学过程

一、创设情境，产生“单位细分”需求

师：有 4 个同学犯了难，原因是买奶茶的钱不知道给多少，一起去看看。

活动一：甲乙丙丁 4 个同学，AA 制买了 4 杯同样的奶茶，一共 58 元。付钱的时候，甲同学说，我先替你们给了吧。假如你是 4 人当中的一员，你要给甲同学多少元？

展示学生作品。

1 号作品：有余数的整数除法竖式计算。

师：他算出的结果是什么？

生 1：58÷4＝14……2，每人要给甲同学 4 元，还余 2 元。

师：有问题吗？

生：余下的 2 元应该也要大家来给。

展示 2 号、3 号作品。

师：我们再来看这两个同学的计算，没有余数，但是商出现了小数。我们让这两个同学来说一下他们的想法。

生 2：我前面的和他一样，58 除以 4 等于 14 还余 2，我在 2 的后面加了一个 0 变成 20，继续除。20 除以 4 等于 5，所以等于 14.5 元，每人要给甲同学 14.5 元。

生 3：我把剩下的 2 元变成 20 角，20 角÷4＝5 角。

师：有问题吗？

生：为什么要把 2 元变成 20 角？

生 4：2 元不够分，就把 2 元换成比它小的单位“角”，这时候 20 角就够分了，每

人得 5 角。

师：（指着竖式上 2 后面添的 0）你的想法和他也是一样吗？

师：谁来复述一下他们的办法？

师：现在我们来观察一下，生 1 和生 2 的竖式，你发现有什么不一样的地方？

一个是余 2，一个是添 0 变成 20 继续除，你们同意谁的？

生：20。

师：理由是什么？

生：余下的 2 元应该要继续平均分给 4 个人，分到除尽为止。

师：小数点为什么在这个位置？

生：因为 20 代表 20 角，20÷4＝5，5 角是 0.5 元，所以“5”的前面要点上小数点。

师：让我们来回顾一下。在计算分钱的过程中，我们遇到了什么问题？

生：余下的 2 元不够分。

师：你们想了个什么办法？

生：把 2 元换成 20 角。

师：也就是把大的单位“元”换成了比它小的单位“角”（板书：2 元→20 角），这样就可以继续分，继续除了。

师：这就是我们今天要学习的“除数是整数的小数除法”。

二、具体到抽象，理解“单位细分”本质

师：现在把元角分拿走了，不给数带单位了。我们来看一下“96÷5”这道题。刚刚 58 后面带了单位元，表示 58 个元，现在 96 没带单位，那它表示 96 个什么？

生：96 个一。

活动二：用竖式计算 96÷5。

展示学生作品。

师：看看这 3 个同学的计算结果，你们有什么问题要问他们的吗？

问 1：“46－45”不是余 1 吗？这里怎么变成 10 了？

生：余下的 1 不够 5 分，把 1 换成 10 个 0.1，这样就够分了。

师：明白了吗？

问 2：小数点为什么在这里？

生：把 10 个 0.1 平均分成 5 份，每份是 0.2，所以小数点要点在“2”的前面。

师：我们来回顾一下，当大单位不够除的时候，我们想了个什么办法？

生：把大的单位转换成小的单位继续除。

师：这样“把大的单位转换成小的单位继续除”的做法，在整数部分有没有？

生：有！十位上“9－5＝4”余下的“4”是4个十，和个位上的“6”一起合成了46个一继续除。

三、“整数”到“小数”，促进运算一致性迁移

师：看来同学们都知道了，无论是整数还是小数，当大单位不够除的时候，可以把大单位转换成小单位继续除。观察下面的除法算式，你发现和前面的除法算式有什么不同的地方？

生：被除数是小数。

师：那还能利用我们刚刚想到的方法去计算吗？

活动三：计算25.2÷6和34.5÷15。

展示学生作品：点了小数点和没点小数点的。

师：在计算中你们遇到了什么问题？

生：整数部分除完的余数要和小数部分合到一起继续除。

师：你们是如何解决的？

生：把整数1，转换成几个0.1继续除。

师：12表示什么？

生：表示12个0.1。

师：看来小数除法点好小数点是关键。

四、追本溯源，理解算理归纳算法

师：观察一下我们刚刚计算的四道题，看看商的小数点的位置和被除数的小数点的位置，你有什么发现？

```
    1 4.5          1 9.2           4.2           2.3
4 ) 5 8        5 ) 9 6        6 ) 2 5.2    15 ) 3 4.5
    4              5              2 4           3 0
   ----           ----           -----         -----
    1 8            4 6              1 2           4 5
    1 6            4 5              1 2           4 5
   ----           ----           -----         -----
      2 0            1 0              0             0
      2 0            1 0
     ----           ----
        0              0
```

生：商的小数点要和被除数的小数点对齐。

师：那被除数是整数的时候，怎么对齐呢？

生：整数的小数点隐藏在末尾，点上之后，商的小数点还是和被除数的小数点对齐。

师：是的，计算小数除法的时候，要注意把商的小数点和被除数的小数点对齐。我们回忆一下，被除数是整数的除法和被除数是小数的除法有什么联系？

生：都是先按照整数除法的方法进行计算，大单位不够除的时候，就转换成小的计数单位继续除。注意，商的小数点要和被除数的小数点对齐。

五、巩固练习，学以致用

1. 下面的竖式正确吗？把不正确的改正过来。

```
      8 2              2.2 9
   ┌──────          ┌──────
 9 ) 7 3.8        4 ) 9.1 6
     7 2              8
   ───────          ───────
       1 8            1.1
       1 8              8
   ───────          ───────
         0              3.6
                        3 6
                    ───────
                          0
```

2. 请你用自己的话描述 9.16÷4 的笔算过程。

3. 王鹏坚持晨练，计划 4 周跑步 22.4 千米，他平均每周应跑多少千米？

【课例解读】

从计数单位出发，建构除法运算的一致性

解读：茶陵县火田中心小学　贺丽雯
指导：株洲雅礼实验学校　黄淑冬

一、单元教材、重难点分析

除数是整数的小数除法是人教版五年级上册“小数除法”单元第1课时的内容。这一单元主要学习内容有：除数是整数的小数除法、一个数除以小数、商的近似数、循环小数、用计算器探索规律、解决问题以及整理和复习。教材在编排时通过晨练、编制中国结、买羽毛球等与现实生活息息相关的情境引出有关小数除法的一系列问题。小数除法的计算法则、试商的方法都与整数除法有关，因此教材重点突出怎样把除数是小数的除法转化成除数是整数的除法。

本单元学习的重难点是小数除法的计算方法和算理，整数除法和商不变的性质等知识基础对学生理解小数除以整数的学习具有重要的作用。学生在学习这部分知识时，难点是不知道商的小数点要点在哪，所以教师在教学时，要联系商不变的性质来帮助学生理解算理。

二、基于新课标，找准核心问题

新课标增加了“感悟运算的一致性”，让学生感悟所有数都是由不同的计数单位累加而成，运算本质上是计数单位的数量参与计算，它是算理和算法的基础，强调理解整数、分数、小数和运算的一致性。

三、基于教材，纵向沟通，打通关联

除数是整数的小数除法这一内容是学生在已经掌握了除法意义和计算方法、小数的意义和性质等基础上进行学习的，其本质揭示了逐步平分不同数位上的计数单位数量的过程，即从“有余数”到“可以除”再到“继续除”的跨越，促使学生理解整数除法、小数除法在算法、算理上的共性，实现十进制计数法从整数领域向小数领域的延伸和应用。

四、从情境到问题，激发学生思考问题能力

本节课采用生活中常见的情境：甲乙丙丁四个同学，大家打算AA制买四杯同样的奶茶，一共58元。付钱的时候，甲同学说，我先替你们吧。假如你是四人当中的一员，你要给甲同学多少元？58÷4=14元……2元，老办法遇到了新问题——余下2元怎么办？“除数是整数的小数除法”的真正生长点是“有余数的除法”，也就是在分物、测量等过程中如果有剩余，在整数范围内是用“余数”来表示，而要想得到更精确的结果就需要用小数（或分数）来表示，即“整数除法”不仅是“除数是整数的小数除法”的逻辑基础，也是其真正的教学起点。那么，“余下的2元怎么分”这个关键问题，让学生基于“整数除法”产生思考解决“小数除法”实际问题的内在探究需求。

五、借助元、角、分进行算理表征

能够将“分一换”的直观与竖式中的“除一换一再除”的抽象建立联系是理解算理的关键。余下的2元不够分，把它转换成我们学过的20角，也就是把大单位表示的2元换成小单位表示的20角，这样就可以继续分、继续除了。而点上小数点实际上就是区分元、角、分。这样让学生意识到当大的单位（元）不能分了，可以把它转换成较小的单位（角、分），这样就可以继续分，用“元、角、分”将不能整除的部分转化为更小的单位进行继续分配，最终得到小数的商。即除法运算的一致性是让学生经历高级计数单位不断细分的过程，这有助于小数除法的算理理解，感受运算的一致性，实现从算理的理解到算法的提炼，提升学生的运算能力和推理意识。

六、建立“细分”概念，抓关键核心

让学生将目光聚焦在计数单位的细化过程上，有助于其从本质上理解除法竖式就是分的过程和结果的抽象化呈现，凸显除法运算中余数不断细化成更小计数单位继续除的本质原理，进而提高学生的运算能力。

课中，计数单位是“数”的核心概念。所有对数量的抽象都建立在对计数单位建立和累加的基础上。本课结合生活实例，帮助学生理解小数除法运算的丰富内涵——逐步降级细分计数单位。同时，经历对比探究，沟通小数除法与整数除法之间的联系，实现了知识间的关联。

（三）分数的认识与运算一致性

【课例 13】

认识几分之一

执教：株洲市天元区尚格小学　罗　涛
指导：株洲雅礼实验学校　黄淑冬

教学内容

人教版《义务教育教科书·数学》三年级上册。

教学过程

一、情境导入，感悟平均分

(课件展示野餐情境，小组同学带了 4 个苹果、2 盒牛奶和 1 个橙子。)

师：4 个苹果分给 2 个小朋友，每人能分几个？

生：2 个。

师：确定吗？(有的说确定，有的说不一定)

师：如果是这样分的呢？(不平均分)

生：不公平。

师：应该怎么分？

生：平均分。

师：如果是把 4 个苹果平均分给 2 个小朋友，每人能分几个？

生：2 个。

师：这回确定吗？

生：确定了。

师顺势总结：是的，每份分得一样多，叫作平均分，平均分不仅公平，还能确定每一份的数量。

师：现在把 2 盒牛奶，平均分给 2 个小朋友，每人能分几盒？

生：每人能分 1 盒。

二、核心推进

（一）认识分数各部分名称、读写

师：但是橙子只带了 1 个，这个橙子怎么平均分呢？（学生上台分）

师：此时，每份分得的橙子不足 1 个，还能用 2 个、1 盒这样的整数来表示吗？看来我们需要一些新的数来表示不足 1 个的部分。

师：其实，古人也遇到过这样的问题，他们是怎么表示这半个的呢？想不想知道？

生：想！

（课件展示古埃及和古中国的分数）

师：这是古埃及和古中国表示半个的数字，你能看懂是什么意思吗？

生 1：能看懂。

生 2：看不懂！

课件展示分数的演变过程。

师：后来，古印度发明了阿拉伯数字，为了充分体现平均分的过程，阿拉伯人加上了一条短横线。这样，就形成我们现在常见的分数。这次能看懂了吗？这样的分数和我们之前学过的整数有什么区别？

生：分数有两个数字，一个在上面，一个在下面，中间还有根横线。

（二）数形结合，理解$\frac{1}{2}$的含义

师：古人真了不起，遇到不能用整数表示的数量发明了$\frac{1}{2}$这样的分数。你会正确使用整数或分数吗？想不想试试？

活动一：用整数或分数表示图片中物品的数量。

图 1：半个苹果；图 2：半片饼干（横着分）；图 3：半片饼干（竖着分）；图 4：3 个鸡蛋；图 5：半盒鸡蛋（一盒是 6 个，只装了 3 个）。

教师收集学生资源并展示。

1. 观察图 1、图 2 和图 3：这几幅图你们都用$\frac{1}{2}$表示，为什么？

生：因为都是平均分成 2 份。

师：你们一眼就发现了$\frac{1}{2}$的本质。只要是平均分成 2 份，其中的一份我们都可以用$\frac{1}{2}$来表示。

2. 理解图 5：半盒鸡蛋，大部分同学写的$\frac{1}{2}$，也有同学写的$\frac{3}{6}$，你有什么疑问？

生：因为原来一盒有 6 个鸡蛋，这里只有 3 个鸡蛋，所以是$\frac{3}{6}$。

师：确实，当我们以 1 个鸡蛋为 1 份，我们也可以用$\frac{3}{6}$盒来表示它的数量。$\frac{3}{6}$和$\frac{1}{2}$，都表示半盒鸡蛋。

3. 对比图 4 和图 5：第一幅鸡蛋图，大家都用了“3”这个整数，第二幅鸡蛋图，大家却选用了分数来表示，同样多的鸡蛋，为什么会用到两个不同的数来表示数量呢？

生 1：因为第一幅图是多少个，第二幅图是多少盒。

生 2：用“个”作单位时，我们要一个一个地数，用“盒”作单位时，我们要一盒一盒地数，这里不够 1 盒了。

师总结：分数的用处真不少，不仅可以表示不够 1 个的数量，还可以表示不够 1 盒的数量。

4. 尝试应用：在你的生活中有没有可以用$\frac{1}{2}$来表示的数量呢？

生交流并举例。

师：生活中表示一半的数量都可以用$\frac{1}{2}$来表示。出示数轴：如果 1 在这里，表示 1 个橙子，那分数$\frac{1}{2}$在哪个位置上呢？

学生上台在数轴上找出$\frac{1}{2}$的位置。

师：你们同意吗？

生齐：同意！

师：从数轴中我们可以看到，$\frac{1}{2}$比 0 大比 1 要小。是的，分数最开始就是人们用来表示不足 1 的数量。

（三）动手操作，认识几分之一

师展示零食米棒：老师今天给大家带来了一个老师小时候爱吃的小零食，像这样的零食我们小时候都是分着吃的呢。

活动二：用纸条表示米棒，根据家里的人数将纸条折一折，画出折痕，并在纸条上填上合适的分数表示每人分到的数量。

（呈现学生资源）

$\frac{1}{2}$	

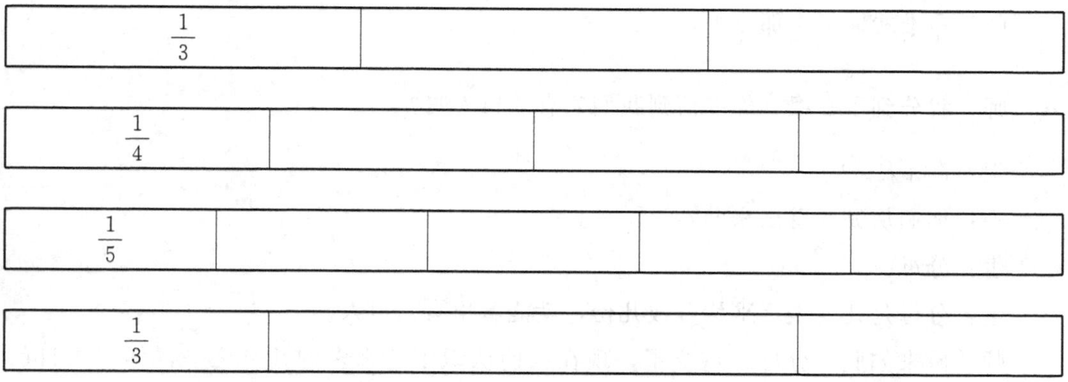

师：老师收集到了 5 位同学的米棒图，他们使用的分数正确吗？

生：最后一个不正确，因为他不是平均分的。

师：你们觉得呢？

师：他们创造的这些分数你们都会读吗？一起读一读（学生齐读分数）。

师：这里的$\frac{1}{2}$是什么意思呢？谁能结合米棒图说一说。

生：把这根米棒平均分成 2 份，这一份就是$\frac{1}{2}$。

师：很欣赏他的表达，说得简洁又准确。

师：$\frac{1}{3}$怎么找到的？

生：我发现对折不能平均分成 3 份，所以我用尺子量了纸条的长度，一共是 18 厘米，我分成了 3 个 6 厘米长的长方形。

师：从你的作品中看到了这一份是你的，那这一份呢？（手指另外两份）

生：这一份是妈妈的。

师：妈妈分到了几分之一？

生：$\frac{1}{3}$。

师：那这一段呢？

生：也是$\frac{1}{3}$。

师：为什么这里的每一份都是$\frac{1}{3}$根？

生：因为是平均分成了 3 份。

师：没错，3 个$\frac{1}{3}$根就凑成了 1 整根米棒。谢谢你让我们认识了$\frac{1}{3}$。

师：$\frac{1}{4}$谁看懂了，那$\frac{1}{5}$呢？

师：我分到了$\frac{1}{7}$根，你能猜到我们家有几口人吗？

生：7 口人。

师：你们从哪儿看出来的？

生：分母。

生：分母是几就表示平均分成几份，就能看出有几口人。

师：原来如此，分母太重要了，现在我们认识了这么多的几分之一，你能用自己的话说说几分之一的意思吗？

生：把一个物品平均分成几份，其中一份就是几分之一。

师：没错，把一个物品平均分成几份，其中的一份就是几分之一。

生：每一份都是几分之一。

师：你的发现可太重要了，你们同意吗？

生：同意。

（四）交流讨论，发现分数单位的大小关系

师：同学们真了不起，用一根米棒创造出了这么多的几分之一，这些几分之一谁大谁小呢？

活动三：比较大小

1. 在这些分数中，哪个表示的米棍最多？哪个最少？

2. 结合比米棒的经验，说一说分数大小比较的方法。

学生交流汇报：

生：我们发现$\frac{1}{2}$最大，$\frac{1}{5}$最小。

师：咦？这个发现好像和我们以前的整数比大小不一样。你们同意吗？

生：同意！

师：为什么$\frac{1}{2}$根米棒反而比$\frac{1}{5}$根米棒更多呢？谁来结合图说一说。

生 1：他们的纸条都是一样长的，但是一个是平均分成 2 份，另一个是平均分成 5 份，$\frac{1}{2}$份的纸条比$\frac{1}{5}$份的纸条长多了。

生 2 补充：因为分的人越多，每个人分到的就越少。

师：没错，分母越大，表示分的人数越多，也就是分的份数更多，每一份就会更少。

师：为了让同学们看得更清楚，我们再次请出我们的数轴。刚刚我们已经找到了$\frac{1}{2}$的位置，我们把 1 平均分成 3 份，请你找一找$\frac{1}{3}$在哪？（呈现等分好的数轴图）

学生上台找出$\frac{1}{3}$的位置。

师：那$\frac{1}{4}$谁能告诉我是更靠近 1 还是更靠近 0？

生：更靠近 0，$\frac{1}{4}$只有 1 的一半的一半。

师：确实，因为$\frac{1}{4}$根比$\frac{1}{3}$根还要少。$\frac{1}{5}$根就更小了（课件呈现$\frac{1}{5}$的位置）。

在数轴上，我们也可以看出这几个分数$\frac{1}{5}$最小，$\frac{1}{2}$最大。

三、回顾反思

师：这节课马上就要结束了，你们有哪些收获想要分享呢？

生 1：我认识了什么叫分数。

生 2：我知道了怎么比较分数的大小。

生 3：我知道了生活中有一些东西的数量可以用分数表示。

师：今天我们把物品平均分，学习了用几分之一表示总体其中的一部分，也在数轴上找到了几分之一的位置，那这一段（0 和$\frac{1}{2}$之间）还有分数吗？把数轴延长，这一段（1 和 2 之间）还会有分数吗？下节课我们继续解密分数的认识。

【课例 14】

分数的意义

执教：株洲市天元区尚格小学　刘海明
指导：株洲雅礼实验学校　黄淑冬

教学内容

人教版《义务教育教科书·数学》五年级下册。

教学过程

一、开放导入，回顾分数的产生是用来表示比 1 小的量

1. 通过数数，回顾分数的产生是源于现实生活的需要。

（1）课件呈现 2 个苹果、2 个西瓜、2 个月饼。

师：数一数，各有几个？

生：2 个。

师：古人最开始用树枝或者石头来计数。凡是数量为 2 的，不管是打回来的野兽也好，还是摘回来的果子也好，都摆上 2 颗石头表示●●，后来才创造了文字（课件出示：2 个）。

（2）呈现 1 个苹果、1 个西瓜、1 个月饼。

师：怎么记录？

生：只有 1 个，就用 1 颗石头表示●，记作：1 个。

（3）呈现$\frac{1}{2}$个苹果、$\frac{1}{2}$个西瓜、$\frac{1}{2}$个月饼。

师：这种情况，又该用哪个数来表示呢？

生 1：0.5 个。

生 2：$\frac{1}{2}$个。

师：1，2，3，4，5，…这样的自然数只能表示整个单位的物品数量，当分到的物

品不足 1 个单位的时候，整数表示不了，人们就创造了分数。

2. 用分数表示生活中的物体数量。

师：上面这些物体的数量该怎么记录呢？(如上图)

生 1：牛奶有$\frac{2}{3}$杯。

生 2：鸡蛋有 3 个。

师：鸡蛋的数量还能用别的方法表示吗？

生 3：还可以表示为$\frac{3}{4}$盒鸡蛋。

师：一个一个地数，有 3 个；但以盒为单位时，不足 1 盒，记作$\frac{3}{4}$盒。表示物体数量时，我们还要注意带上单位。

3. 在数轴上表示分数，明确分数最开始是表示比 1 小的数。

师：在数轴上，自然数的位置我们已经很熟悉了，黑板上这三个分数$\frac{1}{2}$、$\frac{2}{3}$和$\frac{3}{4}$在哪里呢？

生 1：$\frac{1}{2}$在 0 和 1 的中间，要把 0 和 1 那一段平均分成 2 份，取 1 份。

生 2：$\frac{2}{3}$也在 0 和 1 之间，只不过要把 0 和 1 那一段平均分成 3 份，取 2 份。

生 3：$\frac{3}{4}$是把 0 和 1 那一段平均分成 4 份，取 3 份。

师：这几个分数都在 0 和 1 之间，说明它们比 0 大，比 1 小。分数最开始就是人们在分物和测量时用来表示不足 1 个单位的数量。

二、操作探究，明确分数可以表示小于 1 的量，也可以表示小于 1 的倍数关系

1. 合作探究，感受分数还可以表示部分与整体的倍数关系。

师：学校旁边的小区里新建了一个集贸市场，要修一条 400 米长的路。工人叔叔第一天修了 100 米。如果用一张长方形纸条来表示这条路，请你折一折或画一画，在纸条中准确地表示出修好的路段。

师：谁来说说你是怎么做的？

生 1：我把这张纸条对折了 2 次，得到 4 份，这一份就是修好的路段。

师：对折 2 次，也就是把它平均分成了 4 份。那为何要平均分成 4 份？

生 2：这条路长 400 米，第一天修了 100 米，400 是 100 的 4 倍，所以要将这张纸条平均分成 4 份。

师：他是以已修部分作为 1 份数、1 个标准，拿全长 400 来与它比较，发现全长是已修部分的 4 倍，所以其中的 1 份就是已修的 100 米。

生 3：还可以以全长作为标准来比较，已修的是全长的$\frac{1}{4}$倍。

师：同意吗？谁结合图片说说这个$\frac{1}{4}$是什么意思？

生 4（上台，边指边说）：这 100 米是已修部分，它是全长 400 米里面的$\frac{1}{4}$。

师：刚才同学们在描述这一部分与全长的关系时，不仅用到了整数倍，当倍数不足 1 倍时，还用到了分数倍来描述，用分数描述两者的倍数关系时，通常省略末尾的"倍"字，直接说成已修部分是全长的$\frac{1}{4}$。

2. 对比分数的两种意义。

师：在此之前，分数只能表示不足 1 个的数量，比如半个苹果、$\frac{2}{3}$杯牛奶、$\frac{3}{4}$盒鸡蛋，都不足 1 个单位，我们用分数表示。（再呈现$\frac{1}{4}$的线段图），这里的$\frac{1}{4}$还是这个意思吗？

生：不是，这里表示的是这一个部分与它所在整体的一种倍数关系。

3. 用扇形统计图凸显分率的意义，揭示单位"1"。

师：这条 400 米长的路被看作了一个整体，如果用一个整圆来表示要修的 400 米这个整体（出示圆），你能帮我找到已修的 100 米在哪里吗？

生：平均分成 4 份，当中的任意 1 份都能表示已修的 100 米占整体的$\frac{1}{4}$。

师：那我换一个别的图形呢？（出示正方形、长方形）还能表示这种关系吗？

生：可以，只要把它平均分成 4 份，取 1 份，就可以表示这种关系。

师：照这样的速度，几天可以修完？

生 1：4 天。因为 400 米÷100 米/天＝4 天。

生 2：1 天修全长的$\frac{1}{4}$，4 天就可以修$\frac{4}{4}$，也就是这条路。

师：有图，我们一起来数数看。1 天，修了全长的$\frac{1}{4}$，2 天，修了全长的$\frac{2}{4}$，3 天，修了全长的$\frac{3}{4}$，4 天，修了全长的$\frac{4}{4}$。

师：看到$\frac{4}{4}$，你们想到了自然数几？

生：1!

师：是的。这和三年级我们学“倍”的方法一样，在描述两个事物的倍数关系时，我们要先找出 1 份数，这个整体作为比较的标准，它就是 1 份数，可以用自然数 1 来表示。但它和前面的 1 个苹果、1 个西瓜这种表示数量的 1 是不是一个意思？

生：不是，这个 1 表示的是一个整体。（教师揭示单位“1”的概念）

4. 练习找单位“1”。

师：你能从下图中找到单位“1”吗？（见下图）

生 1：第一幅图，整个橙子就是单位“1”。

生 2：第二幅图是把一盒鸡蛋看作一个整体，所以单位“1”是一整盒鸡蛋。

生 3：第三幅图是把一盘面包看作一个整体，所以单位“1”是一整盘面包。

师：同学们真聪明，马上就会用单位“1”来描述生活中的事物了。无论是一个物体、一些物体，还是我们三年级学过的一个图形、一个计量单位，只要我们把它看作一个整体，作为一个比较的标准，这些不同的整体就都有一个共同的名字——单位“1”。

三、巩固分数表示分率的意义，沟通分数“量”和“率”的一致性，完善分数的概念

1. 巩固用分数表示部分与整体的关系。

（1）师：找到了单位“1”后，同学们能不能用分数来描述圈出的部分与单位“1”之间的倍数关系呢？

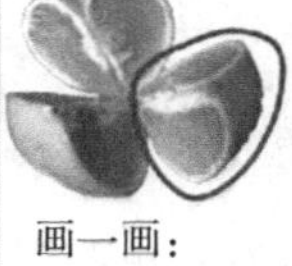	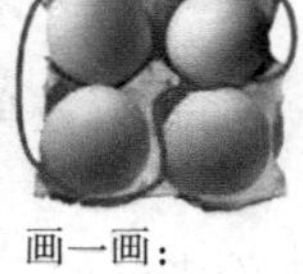	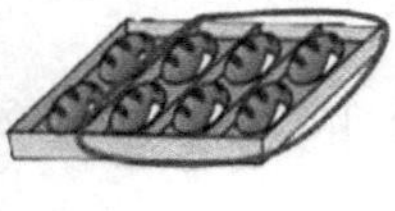
画一画：	画一画：	画一画：
分数：（ ）	分数：（ ）	分数：（ ）

（2）聚焦前两幅图（见下图）。

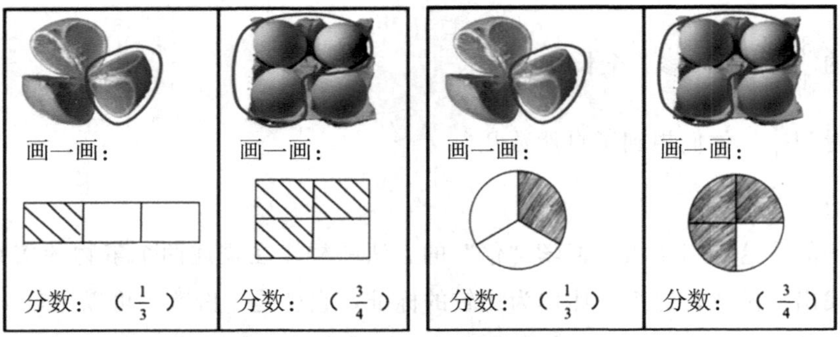

师：他们俩用到的图形不一样，画出来的关系是一样的吗？

生：单位“1”的图形不一样，但都表示了同一种倍数关系。

师：谁看明白了？来说说为什么用$\frac{1}{3}$和$\frac{3}{4}$来表示这两幅图的关系？

生1：第一幅图是1个橙子被平均分成了3份，圈出来的是其中1份，所以用$\frac{1}{3}$表示。

生2：第二幅图以1个鸡蛋为1份，把单位“1”平均分成4份，1个是单位“1”的$\frac{1}{4}$，3个鸡蛋就有3个这样的$\frac{1}{4}$，所以3个鸡蛋就占整个单位“1”的$\frac{3}{4}$。

（3）聚焦第三幅图（见下图）。

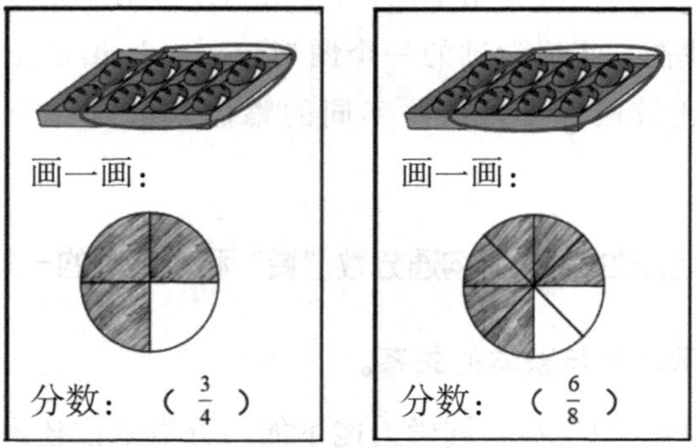

师：关于第三幅图，你看懂了哪个同学的？

生1：我看懂了第二个同学的，他是以1个面包为1份来分的，1个面包是单位“1”的$\frac{1}{8}$，这里有6个这样的$\frac{1}{8}$，这6个面包就占单位“1”的$\frac{6}{8}$。

生2：第一个同学是以2个面包为1份来分的，每一份是单位“1”的$\frac{1}{4}$，这里有3个这样的$\frac{1}{4}$，这6个面包就占单位“1”的$\frac{3}{4}$。

2. 对比$\frac{3}{4}$和$\frac{6}{8}$，引出计数单位。

师：同一幅图，为什么他们得到的分数却不一样呢？

生：分法不一样，一个是平均分成4份，一个是平均分成8份。

师：第一种情况1份的大小是$\frac{1}{8}$，$\frac{1}{8}$就是它计数的单位，用$\frac{1}{8}$来数的话要数6个$\frac{1}{8}$；而第二种情况的计数单位是$\frac{1}{4}$，这里有3个$\frac{1}{4}$，就是整体的$\frac{3}{4}$。所以归根结底是由于两种情况的计数单位不同。

3. 沟通一致性，概括分数的意义。

师：刚才我们发现了这么多不同的分数，回顾这个过程，这些分数都是怎样产生的？（呈现前面探究过的所有分数及对应的图片）

生：都是把单位“1”平均分成了几份，又取了里面的一份或几份。

师：是的，无论是用分数表述物体的数量时，还是用分数表示一个部分与单位“1”这个整体的倍数关系时，都是把“单位1平均分成若干份，取1份或几份”，所以都能用分数表示。

师：（呈现鸡蛋图）这两幅图有什么异同？

生：相同的是都用了$\frac{3}{4}$来表示，不同的是第一幅用$\frac{3}{4}$盒表示鸡蛋的数量不足1盒，第二幅图用$\frac{3}{4}$表示圈出来的3个鸡蛋是一盒鸡蛋的$\frac{3}{4}$。

师：是的，一个是表示鸡蛋的数量不足1盒，要加单位，写成$\frac{3}{4}$盒鸡蛋，另一个是表示这3个鸡蛋与这一盒鸡蛋的倍数关系，3份是4份的$\frac{3}{4}$，表示关系时不需要写单位。

四、数一数，感悟分数也是由计数单位数出来的数

1. 激活数整数的经验。

师：（出示数轴）假如以这条短线段为一个单位，把它看作1，那接下来是——

生：2，3，4，…，10，20……

师：有了“一”这个计数单位，所有整数就都能依次累加数出来。那分数也能像这样数出来吗？

2. 用计数单位$\frac{1}{4}$数数。

生：（根据数轴图数数）$\frac{1}{4}$，2个$\frac{1}{4}$是$\frac{2}{4}$，3个$\frac{1}{4}$是$\frac{3}{4}$。（呈现相应分数对应的扇形图）

师：4个$\frac{1}{4}$是多少？先想象一下，扇形图应该是怎样的？

生1：4个$\frac{1}{4}$是$\frac{4}{4}$，也就是1。

师：还能接着数吗？想一想再加一个$\frac{1}{4}$扇形图又会变成什么样？

生：5个$\frac{1}{4}$是$\frac{5}{4}$，6个$\frac{1}{4}$是$\frac{6}{4}$，…，12个$\frac{1}{4}$是$\frac{12}{4}$，也就是3。

师：数得完吗？

生：数不完，可以一直数。

师：同一个计数单位不断累加，就会产生新的分数，看来这和整数、小数的数数经验是一样的。你能从我们刚才数的过程中找到分数与整数的联系吗？

生：我发现$\frac{4}{4}$就是1，$\frac{8}{4}$就是2，$\frac{12}{4}$就是3。

师：看来分数的计数单位不仅能数出分数，还能数出整数呢。我们刚才是由哪个数开始数出来的？

生：$\frac{1}{4}$。

师：是的，$\frac{1}{4}$不断累加，就能把所有分母为4的分数数出来，这就是“数起源于数”的意思。这个$\frac{1}{4}$就是分数的一个计数单位，也叫“分数单位”。像$\frac{1}{4}$这样，把单位“1”平均分成若干份，表示其中一份大小的数就是分数单位，比如我们黑板上的$\frac{1}{3}$、$\frac{1}{4}$、$\frac{1}{8}$都是分数单位。

3. 用分数单位$\frac{1}{8}$数数。

师：猜猜用$\frac{1}{8}$又能数出哪些分数呢？我们一起来数。

生：1个$\frac{1}{8}$是$\frac{1}{8}$，2个$\frac{1}{8}$是$\frac{2}{8}$……

师：在这里你也能找到分数与整数的联系吗？

生：$\frac{8}{8}$就是 1，$\frac{16}{8}$就是 2。

师：看来，等于自然数 1 的不止一个分数，同样的等于自然数 2、3 的也不止一个分数，分数可真神奇呀。

师：老师把同学们刚才发现的一起写出来，仔细观察分子、分母和整数的关系，你发现了什么？

生 1：我发现分子分母相同的时候，这个分数就等于 1。

生 2：我发现等于 2 的分数分子是分母的 2 倍。

师：看来分数和除法还有着密切的联系，我们到后面还会专门研究。

4. 巩固对分数单位的理解。

师：如果老师想数出$\frac{5}{9}$，应该先找到哪个分数单位呀？

生：要先找到$\frac{1}{9}$才行。

师：怎么找到$\frac{1}{9}$？

生：只要看分母，分母是几，分数单位就是几分之一。

5. 建构计数单位的一致性。

师：同学们，我们回顾一下刚才数整数和数分数的过程，哪个计数单位最重要呀？

生：1。

师：一个一个地数，2 个一是 2，3 个一是 3，10 个一是十，10 个十是百……不断累加，就能数出所有整数；将“1”平均分后再数，就能找到$\frac{1}{2}$、$\frac{1}{3}$、$\frac{1}{4}$等分数单位，分数单位的不断累加，又能数出其他所有分数；当数出分母为 10、100、1000 这样的分数时，我们又能数出 0.1、0.01、0.001 等小数。

师：一生二，二生三，三生万物，数也是这样由 1 到 2，由 2 到 3，再到其他所有的数。

五、回顾与反思，建构数概念学习的方法结构

师：同学们，课前我们谈话时有一个问题“为什么有了整数和小数，还要学习分数呢？”现在回顾我们整节课的内容你有答案了吗？

生 1：因为整数表示不了不足 1 的情况。

生 2：小数是表示把一个整体平均分成 10 份、100 份、1000 份等的情况，而分数可以是任何份数。

师：是的，分数的出现让我们的数更加细化，用分数来描述生活中的事物时也变得更加精确。

师：回顾整节课，我们是怎么学习的？（课件呈现本节课的探究过程）

生 1：我们在数一数的过程中知道了整数可以表示物体的数量，分数也能表示不足 1 个的数量。

生 2：在折一折、画一画的活动中知道了两个量的关系不仅有整数倍，还有分数倍。

生 3：在数轴上数一数知道了分数和整数、小数一样有大小，也是计数单位累积产生新的数。

师：同学们太会概括了，是的，知识之间都是有联系的，我们这堂课就是在借助原来学习整数的经验和方法来研究分数的。以后遇到问题时，也可以借助原来的经验去展开学习。

【教学思考】

从“量”到“率”到“量率统一”

——“分数的认识”单元整体教学实践

株洲市天元区尚格小学　黄穗华

罗涛老师执教的“认识几分之一”和刘海明老师执教的“分数的意义”这两课是分数的序列化学习中两堂至关重要的“种子课”，它们既担负着对于分数认识的起始之要，又肩负着基于意义统领下所有分数相关问题的解决之钥，是具有启承关系的两节核心课。受困于学生的“量”“率”不清之惑，统总整个分数学习版块，我们研究时将其放在一起进行摸索，旨在从知识的结构化、内容的一致性以及教学的序列化等角度进行探索，打出一条通路来，以落实分数的学习，提升教学实效。

接下来，我从以下 3 个方面来进行单元整体教学解读。

一、研读课标明方向

首先，我们对分数的序列学习在小学数学人教版中的编排进行了细化分析（见表 1）。从纵向看，分数的第一阶段学习安排在三年级上册，第二阶段学习安排在五年级下册持续到六年级结束，一共跨越两个学段。

表 1　教材编排

教学年级	单元	教学内容
三年级（上）	第八单元	分数的初步认识
五年级（下）	第四单元	分数的意义和性质
	第六单元	分数的加法和减法
六年级（上）	第一单元	分数乘法
	第三单元	分数的除法
	第六单元	百分数（一）
六年级（下）	第二单元	百分数（二）

其次，在新课标中，对于分数的学习在两个学段中，要学什么、要学到什么程度、怎么学，从内容要求、学业要求和教学建议 3 个方面进行了明确的阐述（见表 2）。

表 2 新课标关于“分数”学习的教学内容要求、学业要求及教学建议

教学学段	内容要求	学业要求	教学建议
第二学段	(1) 结合具体情境初步认识小数和分数； (2) 感悟分数单位； (3) 会同分母分数的加减法	(1) 能直观描述分数； (2) 能比较简单分数的大小； (3) 会进行同分母分数的加减运算； (4) 形成数感、符号意识和运算能力	通过小数加减运算、同分母分数加减运算与整数运算进行比较，引导学生初步了解运算的一致性，培养运算能力
第三学段	(1) 结合具体情境探索并理解分数的意义； (2) 感悟计数单位； (3) 会进行小数分数的转化； (4) 进一步发展数感和符号意识	(1) 能用直观的方式表示分数； (2) 能比较两个分数的大小； (3) 会进行小数和分数的转化（不包括将循环小数转化成分数）； (4) 能在实际情境中运用分数解决问题； (5) 进一步发展符号意识	(1) 在初步认识分数的基础上，引导学生在具体情境中理解分数的意义，感悟计数单位； (2) 数的运算教学应注重对整数、小数和分数四则运算的统筹，让学生进一步感悟运算的一致性。例如在分数加减运算的过程中，引导学生理解通分的目的就是得到同样的计数单位，进一步理解计数单位对分数表达的重要性。理解整数、分数、小数的加减运算都要在相同计数单位下进行，感悟加减运算的一致性

最后，通过阅读，不难发现，新课标对于分数教学的建议，有 4 个核心思想：(1) 强调在具体的情境中理解；(2) 能直观地描述和表示分数；(3) 重视对计数单位的理解；(4) 感悟数认识与数运算的一致性。

二、整体建构促学习

立足分数概念的建构，我们将目光聚焦于本次研课的两个单元，其教材编排见下图（图 1、图 2）：

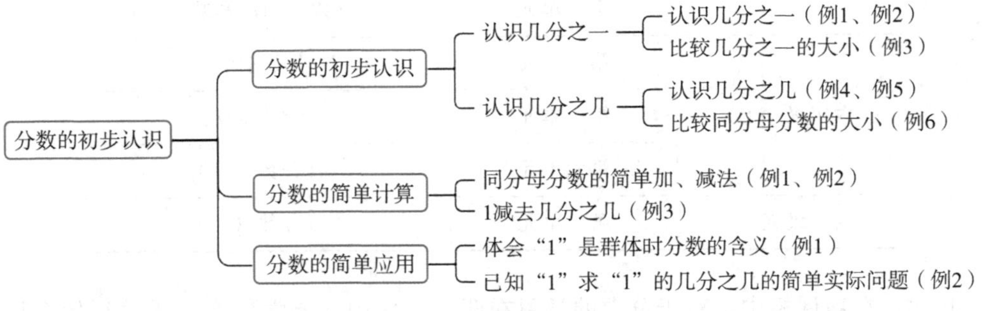

图 1 三年级（上）第八单元教学内容安排（8 个课时）

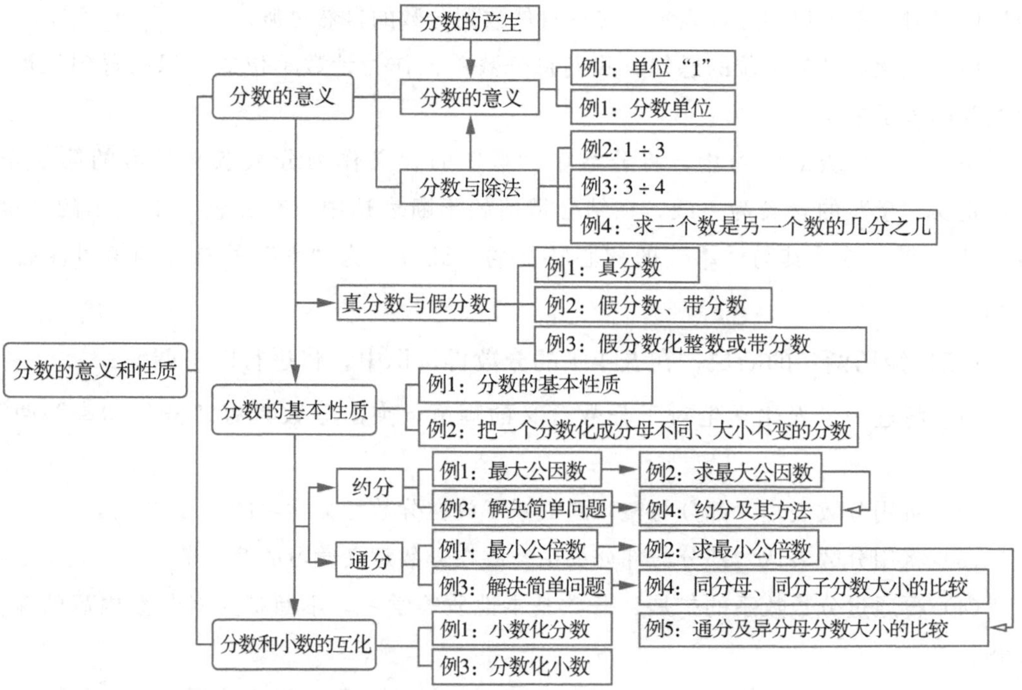

图 2 五年级（下）第四单元教学内容安排（19 个课时）

在研课之前，我们还进一步梳理了两个学段中分数的含义，关于“量”和“率”在教材中的编排情况。不难看出，在分数学习的过程中，“量”“率”的教学比重明显是不同的；重“率”轻“量”。所以在分数解决问题教学中，学生总会出现单位“1”不明确、“量”“率”不理解、“量”“率”不对应等问题。（见图 3）

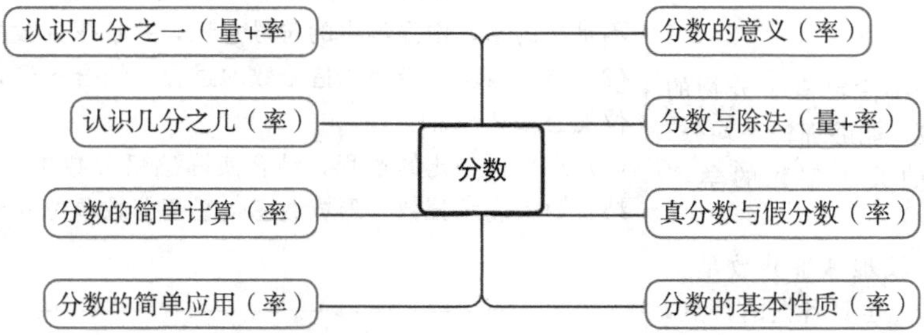

图 3 “量”和“率”在教学中的编排汇总

基于以上分析，结合新课标对于分数教学的要求与建议，可对分数的单元整体教学编排，进行如下调整。

（一）在三年级的学习中，我们将进行以下调整：

（1）在认识几分之一中，让学生感受到“分”的全貌，可以是一个物体，也可以是一些物体形成的整体，关键在于厘清将“谁”作为整体进行计数。明确当表示不足

“1”的量时，都可以用分数表示，实现自然数到分数的自然过渡。

(2) 强化对计数单位的感知。我们将分数单位作为计数单位的认识前置到认识几分之几的教学中。

小结：三年级的学习中，将分数中“量”的含义作为分数意义学习的第 1 节，并以走实“量”的含义为主线，在结合情境的不断表达中，充分感受不足 1 的“量”的表征过程，借助其与“率”的核心特征的一致性，为“率”的自然理解过渡打好基础。

(二) 经历两年的断层，在五年级的分数再认识中，将进行以下调整：

(1) 将进一步强化学生对于分数含义的理解，突出分数具有“量”“率”两重含义。

(2) 将用分数表达“部分与整体的关系”放在分数意义学习的第 2 节。

(3) 将用分数表达“部分与部分关系”放在分数意义学习的第 3 节。

(4) 再通过分数数系的扩展、分数基本性质等学习，不断扩充对分数内涵的深度理解。

基于以上思考，根据三年级和五年级不同的学情，我们将两节课的教学目标和学生学习评价目标定位如下（见表 3）：

表 3 “认识几分之一”和“分数的意义”教学目标与学生学习评价目标

<table>
<tr><th colspan="2">三年级（上）《认识几分之一》</th></tr>
<tr><td rowspan="2">**学情分析**
具备了什么：学生已有了分物的基本生活经验，能够理解平均分。有两年充分的关于整数的学习经验；
困难是什么：较难理解分数是整数之外的延伸、也具备数的特点，对于分数单位的感受不深刻；
要提升什么：了解数的产生，理解分数平均分的本质，掌握分数的读写方法，能够正确比较分数单位的大小。初步感受分数单位和整数 1 的关系</td><td>**教学目标**
(1) 经历用合适的数表示物品的数量，感悟分数的作用：表示不足 1 的量。增强学生的符号意识，并掌握分数的读写方法；
(2) 结合情境，经历创造分数的过程。结合图形，感悟分数单位的意义；
(3) 经历比一比的过程，结合实际感悟分数单位的大小关系。结合数轴表示分数，形成数感。感悟分数单位和整数 1 的简单关系</td></tr>
<tr><td>**学生学习评价目标**
(1) 知道分数可以用于表示“不足 1 的量”，能在具体情境中运用几分之一的分数正确表示平均分后的 1 份；
(2) 能正确读写几分之一的分数，认识分数各部分名称，并能说出它们代表的意义；
(3) 能在直观情境中，比较几分之一的大小，建立初步的表象经验；
(4) 感悟整数、小数、分数的计数单位功能的一致性</td></tr>
</table>

续表

五年级（下）《分数的意义》	
学情分析 具备了什么：学生已经初步认识了分数，对分数单位有一定的了解，会计算简单的分数加减法； 困难是什么：从“量”“率”2个角度深刻理解单位“1”，认识分数单位，打破真假分数壁垒； 要提升什么：能用直观的方式表示分数，结合具体情境理解分数的意义，感悟整数、小数、分数的计数单位功能的一致性	**教学目标** (1) 结合大量具体情境，认识单位“1”，感受分数单位的重要性； (2) 通过数一数、画一画等活动，理解分数不仅可以表示不足1的数量，还可以表示部分与整体的关系； (3) 经历用图形表征关系、在数轴上数计数单位等活动过程，让学生对分数的理解实现从直观具体到一般抽象； (4) 迁移整数学习的方法经验，培养学生用联系的眼光看待事物，从而促进学生的主动学习
	学生学习评价目标 (1) 知道分数可以用于表示“不足1的量”也可以用于表示“不足1倍的关系（率）”； (2) 能脱离情境，用直观的方式表示部分与整体的分数关系； (3) 能结合生活情境，感悟分数单位的大小，由平均分的份数决定；感受同一大小的分数可以多元表征，感受“等价类”思想； (4) 感悟整数、小数、分数的计数单位功能的一致性

三、纵横联系提素养

设计之初，我们最先思考的问题就是“分数是什么？为什么要产生分数？”

起初人们在分物和测量的过程中，经常得不到整数的结果，迫切需要产生一种新的数来表示。在历经平均分的过程中，人们就创造出了分数。分数是源于人们客观实际的需要产生的。伴随着人们不断利用分数进行计数、应用和表达，逐步完善了分数体系的架构，并延伸出了分数更多的内涵。缘此，我们在教学设计时，立足以下4点展开教学。

（一）立足现实意义，感受分数产生的必要性

“什么方式会更适合学生认识分数呢？”两位老师分别表达了他们的思考。但不管是从分入手，还是从数开始，都让学生充分地了解“分数”作为“量”的现实意义，感受到了分数产生的必要性。

（二）依托真实情境，理解分数的双层含义

相较于整数，分数的概念更难理解，所以在接下来的教学中，我们始终坚持以真实的情境（分物、分米棒、修路等）支撑学生对于分数的理解，在充分的表达与辨析活动中感受分数表示“量”与“率”的含义，为分数学习逐步抽象提供现实基础。

(三) 多次巧用数轴，感悟数概念的一致性

在有了丰富的现实基础以及半抽象的面积模型衔接后，我们在教学中数次借助数轴，且是多层次的巧用，用以实现分数更抽象更深层次的学习。学生借助“数轴”这个“扶手”，真切地感受到分数作为“数”意义上的两个特征：

(1) 分数和整数一样，是有大小的；

(2) 分数可以通过累积分数单位数出来，与整数一样。

例如：罗涛老师在教学“认识几分之一”时，结合数轴图，通过追问“思考一下，在$\frac{1}{2}$和 1 之间还有其他的分数吗？”“在 1 和 2 之间呢？也会有分数吗？”引导学生尝试思考在“几分之一”外还会有其他分数吗？甚至延展到会有大于 1 的分数吗？在思考中，学生形成了对分数认知思维上的第一次跃迁。

因为时隔两年再认识分数，为准确摸清学情，刘海明老师在课前进行了一次关于分数的“前测”。从前测的数据可以看出，大部分学生认为分数就只能是真分数。(见表 4)

表 4 “分数的意义”前测数据

前测题 1	1. 请你选一选，下面哪些数是分数？(　　) A. $\frac{1}{2}$　B. 0.5　C. $\frac{15}{16}$　D. $\frac{4}{4}$　E. $\frac{7}{4}$　F. $\frac{8}{4}$	
前测人数	97 人	
正确选出	47 人	48.45%
ACD 或 AC（只选真分数）	37 人	38.14%
错误原因不明	13 人	13.40%

所以刘海明老师在教学“分数的意义”一课时，借助数轴带着孩子们数一数，在感受分数单位的累加能创造不同分数的过程中，顺势帮助学生打破分数只能是真分数的思维定势。

(四) 迁移整数学习经验，形成知识的结构化

在小学数学里，认识分数是学生数概念的一次重要扩展。对此，我们进行课例设计时有一个共同的想法——通过迁移认识整数的经验来认识分数。人类认识世界的历史经验告诉我们，正是“迁移”促进了认知的不断发展，而“类比”无疑是“迁移”的好办法。

对此，罗涛老师在教学“认识几分之一”时，类比整数的学习过程进行了全课的设计：从分数表示数量、分数的读写、分数的大小比较等学习活动推进分数的学习。

帮助学生联通了“数认识”的学习结构，顺利完成自然数到分数“量”意义上的拓展，促进认知的结构化。

刘海明老师在教学“分数的意义”时，首先通过对整数“量”的意义回顾迁移到分数“量”的意义表征，形成数系扩展的自然过渡；再通过折一折、画一画，推进分数关于“率”的理解；最后类比“整数、小数、分数”的组成，联通了数的组成都源于计数单位的累加，让学生充分感受到了计数单位的重要性，形成了知识的结构化。

四、整体推进思路

最后，将我们基于单元整体教学——关于分数认识板块的推进思路汇总如下（见表5）：

表5　不同学段分数板块学习推进思路汇总

第二学段 （核心推进思路）		第三学段 （核心推进思路）
以具象化的“量”叩开分数之门	➡	充分感受分数是“量”和“率”的有机统一
提高分数单位的教学地位	➡	明晰分数单位作为计数单位，在计数、测量、运算等方面与整数、小数学习结构的一致性
迁移“整数”学习经验，形成数系扩充	➡	能主动迁移原有的认知结构（整数、小数），进行结构化学习与思考

首先，在第二学段，我们以具象化的“量”叩开分数之门，承接其上，我们在第三阶段，帮助学生深化对分数含义的理解，让学生充分感受分数是“量”和“率”的有机统一。

其次，新课标关于分数的学习中，多次表达了“计数单位”对于分数表达的重要性。所以我们将分数单位的教学前置到了第二学段，以实现基于计数单位的理解上的分数全学段教学。在第三学段的教学中，更是着重让学生明晰分数在计数、测量、运算等方面与整数、小数学习结构的一致性。

最后，贴着学生的学习曲线，在第二学段迁移“整数”的学习经验，帮助学生完成整数到分数的顺利扩充；经过小数的学习，在第三学段，实现主动迁移的能力，学生自主进行结构化的学习与思考。终以在分数内涵的不断扩充的学习中，实现思维的进阶，实现多重核心素养的培养。

【课例 15】

同分母分数加、减法

执教：株洲市天元区尚格小学　谢　赢
指导：株洲雅礼实验学校　黄淑冬

教学内容

人教版《义务教育教科书·数学》五年级下册。

教学过程

一、复习导入

1. 列竖式计算，说说数位对齐的道理。

题组一： 35＋2　　35＋20　　0.35＋0.002

学生口答。

师：这里的 2 有时与“5”相加，有时与“3”相加，有时与“0”相加，这是为什么？

生：第一个“2”是 2 个一，要和 5 个一相加；第二个“2”是 20，要加 30；第三个“2”是 0.002，要……

师：第三个 2 是 2 个 0.001，而 0.35 的千分位没有数字，所以补上一个 0 再相加。

2. 小结。

这里的“2”到底与哪个数直接相加，是由“2”的计数单位所决定的；只有相同计数单位的数才能直接相加。

二、核心推进

（一）分母的再认识

师：分数也有计数单位，过往经验能否类推到分数中呢？它们的加法运算，是否有相同的本质规则呢？带着这样的问题，我们今天就来学习分数的加法。

1. 动手操作。（见下图）

师：老师准备了 3 根一模一样的长方形纸条，把它们看成单位“1”，平均分成了不同的份数。（乱序排列：5 份、6 份、3 份）

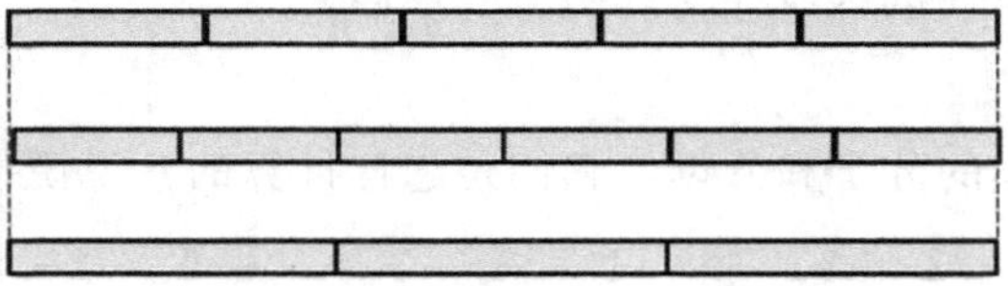

活动一：

① 想：什么是分数单位？

② 涂：请你任意选择一个长方形，用笔涂出它的分数单位，并记录下来。

③ 说：你选择的是几号长方形？分数单位是？

2. 汇报交流。

学生按照“我选择的是____号长方形，它的分数单位是____”的方式进行汇报。

师：都是表示 1 份，为什么它们的大小各不相同？

生：因为平均分的份数不同。

师：一个分数的分数单位，从哪里看出？

生：分母是几，分数单位就是几分之一。

师：同一个单位“1”，平均分的份数不同，每一份的大小就会不同，所以不同的分数单位代表的数值是不一样的。

师：分数单位就是分数的计数单位。整数和小数的计数单位蕴藏在位置里，而分数的计数单位则显示在分母里。

（二）理解算理，提炼算法

1. 动手操作。

活动二：

① 涂：请在你选择的分数条上，再涂出 2 个这样的分数单位。

② 想：现在一共涂出了几个分数单位？表示的分数是几分之几？

③ 写：请用一个算式表示出你涂的过程和结果。

2. 汇报交流。

出示下图：

$$\frac{1}{5}+\frac{2}{5}=\frac{3}{5}$$

师：说说你这样写的道理。

生：1 个$\frac{1}{5}$+2 个$\frac{1}{5}$=3 个$\frac{1}{5}$，也就是$\frac{3}{5}$。

师：请你们也像这样说说另外 2 位同学的做法。

学生汇报交流。

师：观察这些算式的分子和分母，它们是怎样计算的？说说你的发现。

$$\frac{1}{5}+\frac{2}{5}=\frac{3}{5} \qquad \frac{1}{6}+\frac{2}{6}=\frac{3}{6} \qquad \frac{1}{3}+\frac{2}{3}=\frac{3}{3}$$

生 1：第一个分母都是 5，第二个分母都是 6，第三个分母都是 3。

师：他发现了分母不变。

生 2：分子都是 1+2=3。

师：就用分子相加。

（板书：分母不变，分子相加）

师：它们都在算 1 个+2 个=3 个。那每一个算式里，都在算 1 个什么加 2 个什么等于 3 个什么呢？

生：第一题是 1 个$\frac{1}{5}$加 2 个$\frac{1}{5}$，等于 3 个$\frac{1}{5}$……

师：加的是什么，得到的答案就是什么。只要计数单位相同，就可以直接用分子相加，来算一共有几个这样的计数单位。

3. 巩固练习。

题组二： $\frac{2}{9}+\frac{5}{9}=$ $\qquad$ $\frac{2}{3}+\frac{1}{3}=$ $\qquad$ $\frac{5}{7}+\frac{4}{7}=$

追问：同桌互相说一说你是怎样算的？这样算的道理是什么？

生：就按照分母不变，分子相加的方法算。因为他们的（分数）单位是一样的。

4. 迁移类推。

师：减法也有类似的道理吗？

题组三： $\frac{5}{9}-\frac{2}{9}=$ $\qquad$ $\frac{7}{5}-\frac{4}{5}=$ $\qquad$ $\frac{5}{7}-\frac{4}{7}=$

师：同桌互相说一说你是怎样算的？这样算的道理是什么？

师：你能归纳同分母分数减法的计算方法吗？

小结：分数的减法与分数的加法类似。（补充板书：分母不变，分子相减。）

（三）掌握算法，深入理解

师：是不是所有的分数都能按照这个规则来计算？

1. 选一选，下面哪些算式可以直接计算？

（1）$\frac{1}{4}+\frac{3}{4}$　　（2）$\frac{2}{3}+\frac{1}{2}$　　（3）$\frac{3}{4}-\frac{1}{5}$　　（4）$\frac{3}{11}-\frac{1}{11}$

学生独立完成，汇报答案。

师：到底什么样的分数，才能直接相加、减？请你说说其中的道理。

小结：同学们发现了分数加、减法至关重要的一点：只有同分母的分数才能直接相加、减。因为分母相同，计数单位才相同。（补充课题：同分母分数加、减法，补充板书：分母相同时，分母不变，分子相加、减）

2. 试一试。

$\frac{5}{9}-\frac{1}{9}=$　　$\frac{4}{5}+\frac{3}{5}=$　　$\frac{2}{7}+\frac{5}{7}=$　　$1-\frac{3}{8}=$

① 算：能直接计算吗？请写出得数。

② 说：怎样算比较快，同桌交流。

3. 汇报交流。

师：计算 $1-\frac{3}{8}$时，你为什么要把 1 化成$\frac{8}{8}$，而不化成$\frac{5}{5}$或$\frac{6}{6}$呢？

生：因为要减的是$\frac{3}{8}$，$\frac{3}{8}$的分母是 8。

小结：当两个数的计数单位不同时，要转化成相同的计数单位，才能够直接相加、减。

4. 巩固应用：完成数学书例 1 后“做一做”。

三、沟通延伸

师：经过刚刚的学习，我们已经掌握了小学阶段所有数的加、减法，那整数、小数、分数的加、减法之间，有没有共通或者说类似的地方呢？拿出学习单，将你的答案填在纸上。

活动三：想一想，填一填。

$\frac{5}{7}-\frac{3}{7}=$（　　）

想：5 个（　　）－3 个（　　）＝2 个（　　）

500－300＝（　　）

想：（　　）百－（　　）个百＝（　　）个百

0.5－0.3＝（　　）

想：（　　）个（　　）－（　　）个（　　）＝（　　）个（　　）

思考：观察计算过程，有什么相同的地方？

生：都算了“5－3”。

师：想一想，这是为什么？

生自由发言，相互补充（略）。

小结：5和3其实就是它们的计数单位的个数。无论是整数，小数还是分数，它们的加减运算都是相同计数单位个数之间的加减，因此思维的过程一样。

（1）$\frac{1}{4}+\frac{3}{4}$　（2）$\frac{2}{3}+\frac{1}{2}$　（3）$\frac{3}{4}-\frac{1}{5}$　（4）$\frac{3}{11}-\frac{1}{11}$

那也有像（2）（3）这样异分母分数加、减法，又该怎么计算呢？下节课我们再接着分享。

【课例解读】

结构化教学：让知识越学越“薄”

株洲雅礼实验学校　黄淑冬

从2020年9月开始，我和我的团队一直在做深度学习背景下小学数学题组模块式教学实践研究，这是一种结构化教学研究。题组模块教学的核心理念就是：打破单个例题碎片化的教学，以教师有结构的教，促进学生有关联的学。

话题1：什么是数学结构化教学？

当时提出这个课题，主要是针对年轻教师特别容易出现的一种“就课讲课”的现象。要谈结构化教学，我想大家可能想了解的第一个问题是——到底什么是结构化教学？通俗一点，就是说在教学中，教师要总揽全局，帮助学生将所学知识纵向的串成线，把横向的连成片。

现代教育理论认为，在小学数学教学活动中，教师采取结构化的教学策略，能够促进学生认知水平的提升和结构化思维能力的发展。

话题2：怎样结构化教学？

下面结合“同分母分数加、减法”这堂课和大家分享我们的一点点粗浅认识与思考。

一、结构化教学的起点——研读教材、了解学情

（一）研教材

1. 版块脉络（表1）。

表1　分数教学的知识版块脉络表

年级	单元	小节
三上	第八单元　分数的初步认识	1. 分数的初步认识
		2. 分数的简单计算
		3. 分数的简单应用

续表

年级	单元	小节
五下	第四单元　分数的意义和性质	
	第六单元　分数的加法和减法	1. 同分母分数加、减法
		2. 异分母分数加、减法
		3. 分数加减混合运算

我们来看五年级下册“同分母分数加、减法”这部分内容，它属于第六单元“分数加、减法”的内容，这个单元是小学阶段最后一种数的加减运算。并且“同分母分数加、减法”是分数加、减法的起始课，居于承前启后的重要地位。从表中我们可以看到，在三年级，学生已经学习过一次同分母分数的简单计算。五年级又学，学什么？发展什么？有什么不同？这是每位执教者要思考的第一个问题。

于是很自然地要把这两个年级的学习内容拿过来做一个回顾和比较。

2. 教材对比。

三年级上册的教材，用 3 个例题教学同分母分数加、减法；五年级下册的教材，内容相似度很高，第一眼能注意到的变化是步子加大，一是把加法和减法整合在了 1 个例题当中学习，二是要提炼计算法则。还有什么不同呢，接下来就要细读教参。

3. 教参考究。

三年级上册第八单元“分数的初步认识”单元目标，对学生的要求是“结合具体情境，通过操作活动，会计算简单的同分母分数的加、减法”。

五年级下册第六单元“分数的加、减法”单元目标中，要求学生“理解分数加、减法的含义和算理，并掌握其计算方法。”

从“结合情境，会计算”到“理解算理，掌握算法”，这是一种纵向的提升，能力要求明显不同。也就是说，在三年级时，学生是基于分数的意义，在直观感性经验的基础上，进行计算；而五年级，学生要基于分数的组成即分数单位，根据“相同单位的数才能直接相加减”的原理进行计算。

（二）研学生

在试教中我们发现：尽管我们在课堂导入阶段复习了数的组成，但学生在讲道理的时候，仍然只从分数的意义这一角度去解释计算结果，如 3 块和 2 块合起来是 5 块，5 块就是整张饼的$\frac{5}{8}$。我们认为可能存在两个原因：学生之所以会用分数的意义，是因为在第四单元才学了分数的意义和性质，离学生最接近的分数知识就是分数的意义；第二，学生并不理解分数加、减的本质。那教材为什么非要从分数单位这一角度来引导呢？第一，分数加、减法是小学阶段最后一种数的加、减法运算，它与前面的整数、小数加减法算理一样，教材提示我们应该将这些零散的知识进行化归，找到他们共同的本质特点，给学生形成完整的知识结构和学习方法结构；第二，为下一节课找到计算异分母分数加、减的方法做铺垫，即只有把分数加、减法纳入相同计数单位相加、减，异分母分数相加、减，才能找到计算的方法。

基于以上分析，本节课的教学着力点基本清晰了。

(1) 如何从基于感性经验计算转到基于理性认识计算？关键是让学生理解，相同单位的分数分子可以直接相加、减，进而总结提炼同分母分数加、减法的运算法则——分母不变，只把分子相加、减。

(2) 让学生感悟分数加、减法与整数、小数加、减法之间的实质相同，使认知结构化。

二、关于本节课结构化教学设计的思考

这两个关键问题的解决，我们都用到了结构化教学手段。

问题一：如何让学生理解相同单位的分数，分子可以直接相加减？

这个问题难就难在让学生“理解”。如何让学生理解？在研课的过程中我们越来越清晰地认识到：

分数的加、减其本质是分数单位个数的加、减；而分母相同的分数，就是分数单位一致的分数，其分子当然可以直接相加、减。

但是，如何让学生获得这一认知？

第一个策略：借助整数经验。

我们说分数的加、减其本质是分数单位个数的加、减；其实，整数的加、减又何尝不是整数单位个数的加、减呢？只不过称为“计数单位”。因此，在“开放导入”，我们把整数、小数、分数放到一块，让学生明白分数单位就是分数的计数单位，不同的计数单位，代表的数值也是不一样的，从数认识的源头上进行打通，这其实就是对原有认知的一次重新结构。

第二个策略：在操作中理解。

比如在“活动一”，充分利用直观图示，让学生在涂涂、写写、画画、说说中感悟：(1) 任何一个分数，都是由若干个分数单位组成的；(2) 在不断的操作中体会分数的加、减其实就是分数单位个数的加、减。

紧接着在“活动二”通过观察、说理、交流，明确：分母记录的是分数单位，分母相同就是分数单位相同；分子表示包含的分数单位的个数，分数单位相同时，分子可以直接相加、减，在解决问题中深化理解，并归纳算法。

整个认识过程，分数条起着不可或缺的作用。而这一设计的启发来自整数加、减法，如两位数加一位数和整十数，加到哪一位上？为了让学生理解相同计数单位相加的算理，我们用小棒，让学生直观看到：整捆的和整捆的一样，要合到一起，单根的和单根的同类，要合到一起。分数也是一样，不同的分数单位，其大小是不一样的，利用分数条给学生直观视觉冲击。对教师和学生来说，这是学习方法结构的迁移。

问题二：如何让学生感悟分数加、减法与整数，小数加减、法之间的实质相同，使认知结构化。

分数加、减法的含义与整数加、减法的含义完全相同，它们的计算方法从表面上看截然不同，但实质上有一个共同的特点，就是“相同单位的数才能相加、减”。从这个意义上来讲，不论是整数还是分数的加、减法，都要统一成相同的单位后才能进行计算。而且，当分数单位统一后，分数的加、减运算也就归结为整数的加、减了。比如$\frac{1}{8}+\frac{3}{8}=\frac{1+3}{8}=$（1+3）个$\frac{1}{8}$；$\frac{3}{10}+\frac{1}{4}=\frac{6}{20}+\frac{5}{20}=\frac{6+5}{20}=$（6+5）个$\frac{1}{20}$。后一点很多老师在教学中都忽略了引导学生去感悟发现。

我们没有把这些“相似之处”“相通之点”的“比较、沟通”全部丢给“活动三”，而是有意识地渗透到整个认识过程。

如“活动一”在涂一涂、比一比中认识分数和整数一样，计数单位不同，代表的数值就不同；“活动二”添上1份或几份，并用算式表示，体会数的组成与数的运算一致性，理解算理；“活动三”回顾与交流，引导学生感悟分数加、减法与整数、小数加、减法的内在联系。运算的含义完全相同，计算的本质一样，千算万算，算理只有一条。这其实是引导学生化归找本，把小学阶段的加、减法压缩成一个包，便于记忆，减轻学生的学习负担，实现对知识的真正理解。

数学内容结构化有利于提高数学知识的迁移能力，使数学知识具有自我生长的活力。教学中教师要通过理解知识结构、设计教的结构、引导学生有结构地学，才能让学生真正参与到建立数学知识体系的过程中来，才能轻装学习，把知识越学越“薄”。

【课例 16】

异分母分数加、减法

执教：株洲市天元区尚格小学　兰　靖
指导：株洲雅礼实验学校　黄淑冬

教学内容

人教版《义务教育教科书·数学》五年级下册。

教学过程

一、复习导入

1. 口算。

（1）$\frac{3}{8}+\frac{1}{8}$　　（2）$\frac{5}{7}-\frac{1}{7}$　　（3）$\frac{4}{11}+\frac{2}{11}$

2. 你是怎样算得又对又快的呢？

生：它们是同分母分数，分母不变，分子直接相加、减。

师：同分母分数为什么就是“分母不变，分子直接相加、减呢”，能举例说说吗？

生：比如$\frac{3}{8}+\frac{1}{8}$，$\frac{3}{8}$是 3 个$\frac{1}{8}$，$\frac{1}{8}$是 1 个$\frac{1}{8}$，合起来是 4 个$\frac{1}{8}$，也就是$\frac{4}{8}$，约分为$\frac{1}{2}$。分母不变是因为相加的过程分数单位没变，我们加的是分数单位的份数。（课件出示见下图）

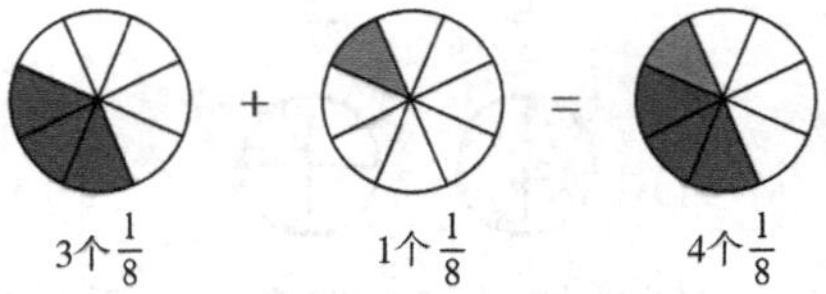

师：原来分数加法加的是它们计数单位的个数。

二、核心推进

一放：领悟本质，理解算理

师：今天我们继续来研究分数的计算。

师：阅读上面信息，你能提出什么数学问题？

生 1：问题①：小红和小明一共用了这张纸的几分之几？

生 2：问题②：小红比小明多用了这张纸的几分之几？

……

1. 发现问题。

师：首先来看第一个问题，你们会解决吗？请独立列式，并尝试算一算。

生 1：$\frac{1}{2}+\frac{1}{4}=\frac{1}{6}$。

生 2：$\frac{1}{2}+\frac{1}{4}=\frac{2}{6}=\frac{1}{3}$。

生 3：$\frac{1}{2}+\frac{1}{4}=\frac{3}{4}$。

师：你能判断谁的计算是正确的吗？

生 1：$\frac{1}{6}$不对，$\frac{1}{2}+\frac{1}{4}$不可能比$\frac{1}{2}$还小。

生 2：$\frac{1}{3}$也不对，它比$\frac{1}{2}$还小，不可能越加越小。

生 3：它们的分数单位不相同，不能直接相加。

师：画个图可以看得更清楚。它们的分数单位不同，也就是每一份的大小不一样，所以不能直接数它们的份数。课件出示如下图。

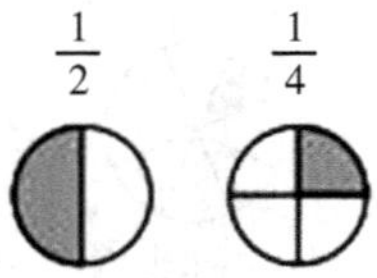

师：那究竟等于多少呢？请同学们一起来探究。请看活动要求。

2. 合作探究。

活动一：

① 想一想该怎样计算？

② 用喜欢的方式表达自己的思考过程。

③ 小组内交流想法。

3. 分享交流。

方法 1：分数化小数。

生：$\frac{1}{2}$=0.5， $\frac{1}{4}$=0.25， 0.5+0.25=0.75， 0.75=$\frac{3}{4}$

师：转化为学过的小数加法来解决，是个好办法。

方法 2：画图法。

生：我先对折画出这个正方形的$\frac{1}{2}$，再对折，$\frac{1}{2}$就变成$\frac{2}{4}$了，再加上$\frac{1}{4}$就是$\frac{3}{4}$。

师：这位同学再对折的目的是什么呢？

生：使$\frac{1}{2}$变成$\frac{2}{4}$，就可以和$\frac{1}{4}$直接相加了。

生：再对折就可以使它们每一份同样大，这样就可以数有这样的几份了。

方法 3：通分法。

生：$\frac{1}{2}+\frac{1}{4}=\frac{2}{4}+\frac{1}{4}=\frac{3}{4}$。

师：谁明白他这样算的道理？

生：他是利用通分将$\frac{1}{2}$就变成$\frac{2}{4}$，2 个$\frac{1}{4}$加上 1 个$\frac{1}{4}$一共是 3 个$\frac{1}{4}$。就是$\frac{3}{4}$。

同步出示课件如下图：

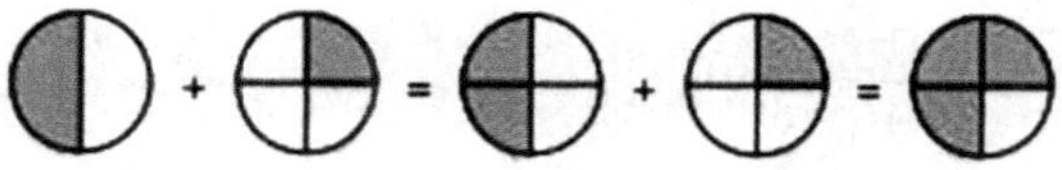

师：这些方法有什么相同的地方？

生：都是把$\frac{1}{2}$和$\frac{1}{4}$变成分母相同的分数再加。

生：同分母分数其实就是计数单位相同的分数，化小数也是变成相同计数单位的数。

师：大家采用了不同的方法，但都是使它们转化为相同计数单位的数，这样就可以把计数单位的个数相加了。

4. 尝试应用：独立计算$\frac{1}{4}+\frac{1}{12}$。

请学生分享方法。

生 1：通分的方法：$\frac{1}{4}+\frac{1}{12}=\frac{3}{12}+\frac{1}{12}=\frac{4}{12}=\frac{1}{3}$。

生 2：通分的方法：$\frac{1}{4}+\frac{1}{12}=\frac{6}{24}+\frac{2}{24}=\frac{8}{24}=\frac{1}{3}$。

生 3：画图法。

师：观察同学们的计算方法你有什么想说的？

生 1：通分的方法计算更加方便，画图法比较慢，也不好化成小数。

生 2：最后的结果能约分的要约分。

生 3：我们可以找分母的最小公倍数进行通分。

师：只有分母相同时，每份的大小才一样，份数才可以直接相加，通分是个好办法。

5. 迁移类推。

独立解答：(2) 小红比小明多用了这张纸的几分之几？

$\frac{1}{2}-\frac{1}{4}=\frac{2}{4}-\frac{1}{4}=\frac{1}{4}$。

6. 总结算法。

师：现在我们学完了异分母分数的加法和减法，谁能来总结一下计算方法呢？

师生共同总结：异分母分数相加、减，先通分，再按照同分母分数加、减法进行计算。

二放：深入练习，掌握算法

1. 计算下列各题。

$\frac{1}{4}+\frac{2}{5}=$　　　　　　$\frac{1}{4}-\frac{1}{6}=$

学生独立完成后进行展示汇报。

错误的同学自行更正。

师：两道题中都有$\frac{1}{4}$，为什么一个转化为以$\frac{1}{20}$为单位的分数，一个又是转化为以$\frac{1}{12}$为单位的分数呢？

生：第一道题中 4 和 5 的最小公倍数是 20，而第二道题中 4 和 6 的最小公倍数是 12。

师：要化成以什么为计数单位的分数是由两个分数的公分母决定的。

2. 从一般到特殊。

活动二：

① 计算下列各题。

② 算完后想一想，这些题有什么特点？怎样算比较快？

③ 组内分享，准备汇报。

$\frac{1}{2}+\frac{1}{5}=$ $\frac{1}{8}+\frac{1}{9}=$ $\frac{1}{5}+\frac{1}{7}=$

$\frac{1}{3}-\frac{1}{4}=$ $\frac{1}{5}-\frac{1}{8}=$ $\frac{1}{6}-\frac{1}{7}=$

生 1：这些分数的分子都是 1，而且分母是互质的。

生 2：两个分母相乘就是它们得数的分母，加法就是两个分母相加得分子，减法就是两个分母相减得分子。

师：同学们真是火眼金睛，探索出了特点，还总结了规律。

3. 提升练习。

已知两个异分母分数相加的和是$\frac{9}{10}$，你能知道这两个异分母分数可能各是多少吗？

$$(\quad)+(\quad)=\frac{9}{10}$$

学生思考，同桌相互讨论。

师：想想怎样能做到不重复、不遗漏呢？

生：可以先看分子 9，找出所有分母是 10 且分子相加得 9 的算式，约分后，再看哪些是符合要求的异分母分数。

师：请同学们再试着写一写。

学生分享，教师板书。如下。

$$\left(\frac{1}{10}\right)+\left(\frac{8}{10}\right)=\frac{9}{10} \qquad \left(\frac{1}{10}\right)+\left(\frac{4}{5}\right)=\frac{9}{10}\ \checkmark$$

$$\left(\frac{2}{10}\right)+\left(\frac{7}{10}\right)=\frac{9}{10} \qquad \left(\frac{1}{5}\right)+\left(\frac{7}{10}\right)=\frac{9}{10}\ \checkmark$$

$$\longrightarrow$$

$$\left(\frac{3}{10}\right)+\left(\frac{6}{10}\right)=\frac{9}{10} \qquad \left(\frac{3}{10}\right)+\left(\frac{3}{5}\right)=\frac{9}{10}\ \checkmark$$

$$\left(\frac{4}{10}\right)+\left(\frac{5}{10}\right)=\frac{9}{10} \qquad \left(\frac{2}{5}\right)+\left(\frac{1}{2}\right)=\frac{9}{10}\ \checkmark$$

三放：纵向关联，感悟“一致性”

1. 总结转化路径：今天的异分母分数加、减法，我们是先转化成同分母分数加、减法，再按同分母分数加、减法的运算法则算出结果。

2. 沟通算理：为什么要有转化的一步呢？我们之前学习的整数加、减法，小数加、减法又是怎样算的，它们之间有什么联系？请同学们边用竖式计算，边思考。

415＋23＝　　　　　　73.05－3.09＝

生 1：415＋23，整数加、减法要相同数位对齐。

生 2：73.05－3.09，小数加、减法要小数点对齐。

生 3：我发现不管是哪种数的加减法，都是将相同计数单位个数相加、减，分数也不例外。所以异分母分数要转化为同分母分数再加、减通分相当于“相同数位对齐”。（课件出示如下图）

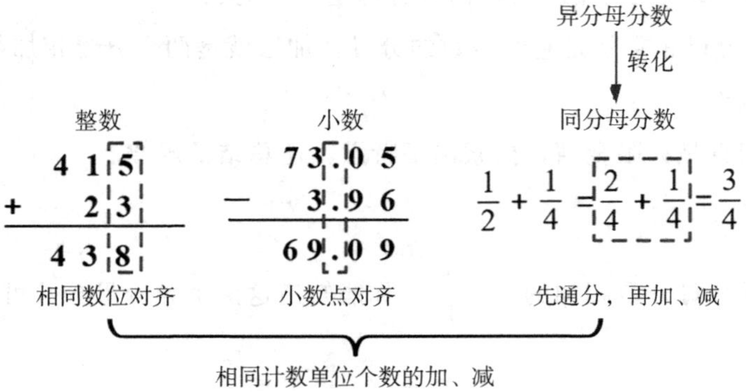

三、巩固练习

（略）。

【课例解读】

化归找本，理法融通

解读：株洲市天元区尚格小学　兰　靖
指导：株洲雅礼实验学校　黄淑冬

“异分母分数加、减法”是人教版五年级数学下册第六单元“分数的加法和减法”的第二课时。是在学生学习了同分母分数加、减法以及分数的意义和性质的基础上进行学习的。本节课属于数的运算内容，教学重点在于理解算理、掌握算法。新课标明确提出：“通过整数、小数、分数的运算，进一步感悟计数单位在运算中的作用，感悟运算的一致性。”基于此，本节课以计数单位为抓手，在理解异分母分数加、减法的算理，掌握算法的同时进一步打通整数、分数、小数运算之间的联系，体会转化的根源和运算的一致性。

一、追根溯源，领悟运算本质

本节课在导入环节，教师从复习学过的同分母分数加、减法计算开始，通过算理的追同，利用饼形图回顾运算本质就是相同计数单位的个数相加、减，为理解异分母分数加、减法的算理奠定基础。

一放环节，首先让学生主动尝试计算，自己发现异分母分数不能直接相加、减。课堂中呈现学生“分子加分子，分母加分母”或者“分母相加，分子不变”等错误算法，这些都是学生首次遇到“异分母分数相加”的计算问题时，会运用已有的知识和经验主动进行思考的正常现象。教师巧妙利用学生的负迁移，引导学生思考结果的合理性，初步排除掉错误结果；利用饼形图直接呈现分数单位不同，也就是每份大小不同，所以不能直接相加，从而引出要将饼形图分为每份同样大小，即转化为同分母分数，从而理解异分母分数加法的算理。

二、合作探究，感悟数学思想

一是数形结合，体会运算一致性。理解异分母分数加、减法算理的关键在于理解转化的原因，即为何要将异分母分数转化为同分母分数进行计算。为此，本节课尤其注重在操作中帮助学生理解为什么要把“不同的计数单位转化为相同的计数单位”。如活动一让学生利用喜欢的方式表达自己的思考过程，或算，或画，将学生的思维可视化，增强学生对异分母分数加法运算的意义、算理和算法的理解。展示多种不同方法后，教师及时组织学生进行比较和分析，找到不同算法中都是将异分母变为同分母分数的相同原理，再经过计算练习、方法对比，巧妙实现算法的优化：“先通分再计算”。从而充分体验了分数直观模型和数学“转化”思想在解决问题中的运用。异分母分数减法的学习则放手让学生自己画图来解释算理，使学生在再次经历把异分母分数转化为同分母分数的过程中，加深理解这样转化的根源，从而沟通二者之间的联系，追溯到只有相同计数单位的数才可以直接相减，进一步感知运算的一致性。

二是从一般到特殊，提升运算能力。二放环节精心设计练习题，有利于培养学生的数感与应用意识，厘清运算的本质，追问：为什么同一分数在不同算式中进行不同的转化，使学生明白是由公分母决定异分母怎样转化。判断对错及发现规律的练习，使学生深刻体会到“不管怎样转化，都是为了统一分数单位”，同时学会迁移计算方法及学习快速找公分母的方法。提升练习不仅让学生经历了异分母分数加法算式的形成过程，还让学生感悟推理、分类列举思想方法在数学中的应用。

三、沟通联系，建立知识结构

本节课进行了两次沟通，帮助学生建立知识结构。一是同分母加、减法和异分母加、减法的沟通，借助算理构建两者之间的桥梁，帮助学生突破本节课重难点；二是整数、小数、分数加、减法的沟通，本节课通过笔算的对比，让学生认识到，无论是整数、小数还是分数，看似形式不同，规则不同，实质都遵循共同的数学原理，即对相同计数单位的个数进行加、减。通过本节课的学习，学生从笔算角度再次体会运算过程的本质，不仅强化了学生对分数加、减法运算的掌握，更丰富了他们的数运算知识体系。

【课例 17】

分数乘整数（例 1）

执教：株洲市天元区尚格小学　黄穗华
指导：株洲雅礼实验学校　黄淑冬

教学内容

人教版《义务教育教育教科书·数学》五年级上册。

教学过程

一、开放导入：

1. 列式计算。

（1）3 个 2 的和是多少？

（2）3 个 20 的和是多少？

（3）3 个 0. 2 的和是多少？

小结：求几个相同加数的和，用乘法计算更简便。

2. 深度思考。

（1）计算这一组题，你想到哪一句口诀？计算的结果是否不同？

小结：都能用“二三得六”计算。因为第 2 个乘数的计数单位不同，所以结果不同，此时的 6，分别表示 6 个一、6 个十、6 个 0.1。

（2）“二三得六”到底算的是什么？

小结：都是计算计数单位的个数。

二、核心推进

师：今天开始我们就来研究分数的乘法，它的计算和我们前面学习的乘法计算会有什么相同点和不同点呢？

一放：明确分数乘整数的意义，初步探究分数乘整数的计算方法。

1. 出示例 1。

小新、爸爸、妈妈一起吃一个蛋糕，每人吃$\frac{2}{9}$个，3 个人一共吃了多少个？

师：这个问题你会解答吗？

2. 出示学习要求。

活动一：

（1）列式解答：画一画，算一算，让大家能看懂你的想法。

（2）交流方法，说一说这样做的道理。

一收：

1. 学生汇报算法。

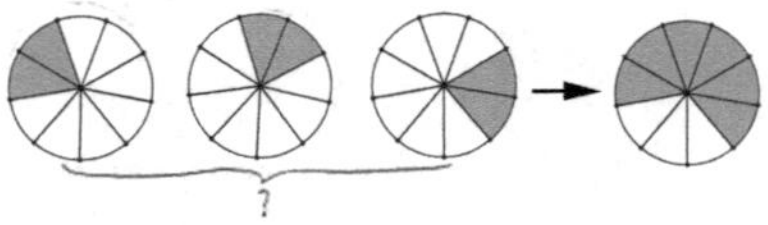

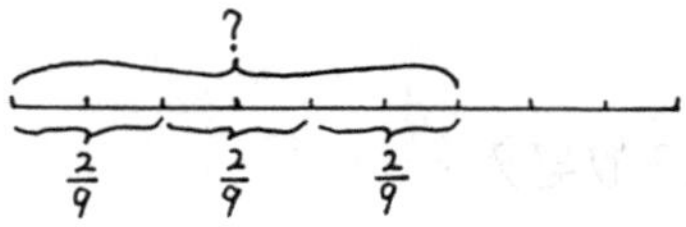

生 1：我是用加法算的，$\frac{2}{9}+\frac{2}{9}+\frac{2}{9}=\frac{6}{9}$。

生 2：我是用乘法算的，$\frac{2}{9}\times3=\frac{2\times3}{9}=\frac{6}{9}$。

师：用乘法计算可以吗？

生 3：求 3 个人一共吃了多少，就是求 3 个$\frac{2}{9}$是多少，求几个相同加数的和用乘法计算更简便。

师：看来，分数乘法的意义和整数乘法的意义相同。

2. 继续追问。

师：你的 2×3 是怎么来的？

生 2：每人吃$\frac{2}{9}$个，表示每人吃 2 份，3 个人就吃了 3 个 2 份，所以就是 2×3＝6 份。

师：加法好理解，乘法第一次学习。你能在加法算式中找到“2×3”的依据吗？

生 5：2＋2＋2，3 个 2 相加就是 2×3。

师：请你上来圈一圈。把掌声送给他！

二放：猜想、验证“分数乘整数”的计算方法。

1. 提出猜想。

师：有了刚才的计算经验，你认为分数乘整数怎么算？

生：分母不变，分子与整数相乘做分子。

（板书“猜想：分母不变，分子与整数相乘作分子。”）

师：但只一道题不足以支撑我们总结出计算的方法，你能尝试再列举和计算几道“分数×整数”的算式，验证我们的猜想吗？

2. 自主验证。

活动二：

（1）列举几个“分数×整数”的算式；

（2）尝试用我们的猜想计算；

（3）结合画一画、转化等方法，验证计算的结果。

二收：

1. 展示交流。

3 名学生展示自己的举例、验证方法、得出的结论（略）。

小结：分数乘整数其实就是求几个相同分数和的简便运算，所以和同分母分数加法一样，分母不变，只是分子相加的部分可以简算为分子乘整数。最后的结果和加法一样，也要约分成最简分数。

2. 尝试应用。

（1）计算下面各题。

$\frac{2}{15}\times4$　　　　$\frac{5}{12}\times8$　　　　$2\times\frac{3}{4}$

（2）一袋面包重 $\frac{3}{10}$ 千克，3 袋重多少千克？

小结：计算分数乘法时，能先约分的，先约分再计算，能减小计算难度。

三放：贯通乘法运算理法的一致性，沟通加、减法

师：回顾这几道题的解答过程，每个算式其实算的是什么？（课件聚焦“尝试应用”解答。）

（1）计算下面各题。

$\frac{2}{15}\times4=\frac{8}{15}$　　　　$\frac{5}{12}\times8=\frac{40}{12}=\frac{10}{3}$　　　　$2\times\frac{3}{4}=\frac{6}{4}=\frac{3}{2}$

（2）一袋面包重 $\frac{3}{10}$ 千克，3 袋重多少千克？

$$\frac{3}{10}\times3=\frac{9}{10}\text{（千克）}$$

活动三：

（1）说一说：每个算式表示什么意思？分子乘整数的结果算出的是什么？

（2）想一想：分数乘法和整数、小数乘法有什么相同的地方？

（3）小组交流，准备汇报。

三收：

1. 小组汇报（略）。

2. 课件梳理：

（1）意义相同：都是求几个相同加数的和的简便计算。

（2）算法相同：都是先用口诀算出计数单位的个数，再确认计算的结果。

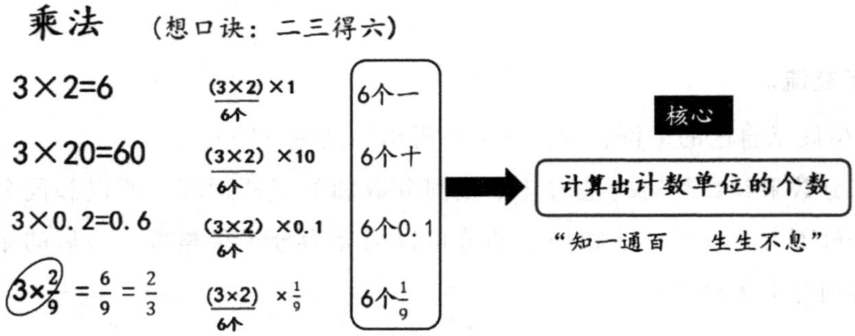

三、巩固练习（略）

四、沟通延伸

师：今天我们学习了 $\frac{2}{9}\times3$ 这样的分数乘整数的乘法，后面还有可能遇到什么样的情况呢？你准备怎样进行学习？

$\frac{2}{9}\times$（　　）

【课例 18】

分数乘整数（例 2）

执教：株洲市天元区尚格小学　谢　赢

指导：株洲雅礼实验学校　黄淑冬

教学内容

人教版《义务教育教科书·数学》六年级上册。

教学过程

一、复习导入、唤醒旧知

出示情境图（见下图）和问题，学生口答：

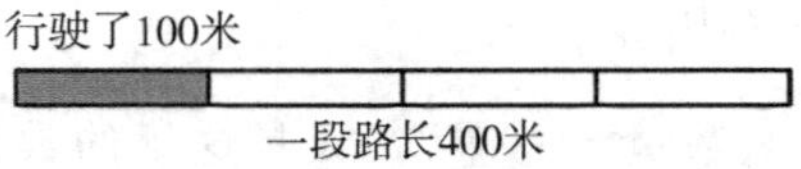

全程是行驶部分的（　）倍，行驶部分是全程的（　）（倍）。

追问：看着图说一说，你是怎么理解“全程的$\frac{1}{4}$”的？

生：将全程平均分成 4 份，已经行驶的 100 米就是全程的$\frac{1}{4}$。

小结：分数可以表示不足 1 倍的关系，只是在表达时，通常直接说成：“行驶部分是全程的$\frac{1}{4}$”，“倍”字省略不说。

二、合作学习，推理算法

1. 出示情境图（见右图）：

（1）你知道了什么？

（2）怎样列式？

追问：你们都同意吗？他列式的依据是什么？

生：1 桶水的体积是 12 升，3 桶水就是 3 个 12 升。

（板书：单位量×数量＝总量）

2. 当单位量换成分数会是什么情形呢？

（1）介绍水表计量单位：立方米（见下图左）。这里的 12 升如果换算成以立方米作单位就是$\frac{3}{250}$立方米（见下图右）。

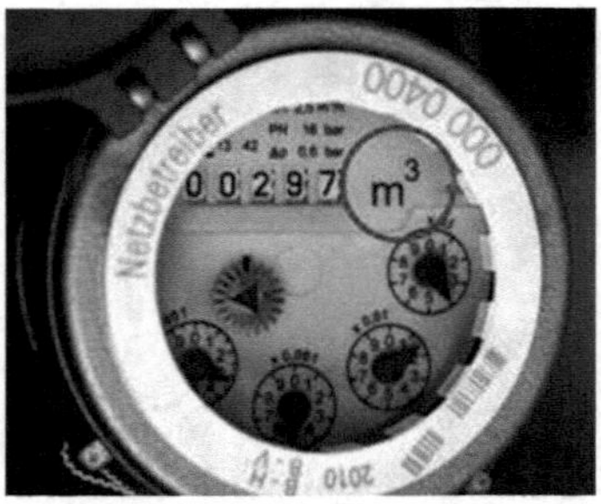

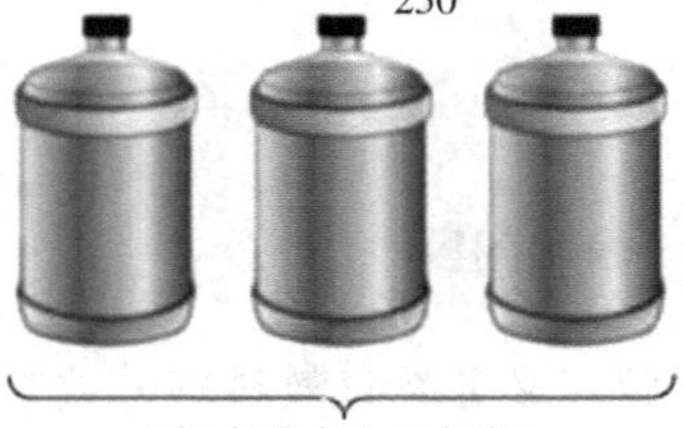

（2）师：这时 3 桶水的体积是多少立方米，请你列式计算。

学生作业：$3\times\frac{3}{250}=\frac{3\times3}{250}=\frac{9}{250}$（立方米）

师：你这样列式的依据是什么？

生：3 桶就有 3 个$\frac{3}{250}$，就用$\frac{3}{250}\times3$。

师：仍然要用“单位量×数量＝总量”，只是这里的数量从每桶 12 升变成了每桶$\frac{3}{250}$立方米。

师：请结合你的算式带大家回顾一下“分数乘整数的计算方法”。

生：分母不变，分子乘整数作分子。

师：“分子乘整数作分子”是在算什么？

生：计数单位的个数。1 桶有 3 个$\frac{1}{250}$立方米，3 桶就有 9 个$\frac{1}{250}$立方米。

师：当单位量是分数时，求 3 桶是多少，仍然用“单位量×数量”来计算水的总量，这就是上节课学习的问题，“求几个相同分数的和，用乘法计算比较简便”。

师：当把数量换成分数，即不足 1 桶时，又该怎样计算？

3. 出示图，列式解答：$\frac{1}{2}$桶是多少升？

学生作业 1：$\frac{1}{2}\times12=6$（升）。

师：你这样列式的依据是什么？

生：还是用那个数量关系“单位量×数量＝总量”来算。

师：说说你的计算的过程。

小结：求$\frac{1}{2}$桶水是多少，也可以用乘法进行计算，因为他们用到了同一个数量关系，每桶水是 12 升，只是数量从 3 桶变成了$\frac{1}{2}$桶。

学生作业 2：0.5×12＝6（升）。

师：你们能看懂吗？0.5 是怎么来的？

生：我先想到了$\frac{1}{2}\times 12$，$\frac{1}{2}$个 12 就是 0.5 个 12。

师：从这个例子可以发现，求一个数的分数倍是多少，和求一个数的小数倍是多少，它们的意义是共通的。再结合前面的算式来看，它们都是整数乘法意义的一种延伸。

学生作业 3：12÷2＝6（升）。

师：你怎么解释这个算式的意思？

生：将 12 平均分成 2 份，每份就是 6 升。

师：你从分数的意义的角度解释了这个算式，只是你表达了平均分成 2 份，省略了取其中 1 份的过程。

师：不同的算法必然有其共通之处，请你找一找，“$12\times\frac{1}{2}$的约分过程”是怎么体现“12 平均分成 2 份取 1 份”的？

师：请你上来先圈一圈。

生：12 和 2 约分，就是在计算将 12 升平均分成 2 份，每份是 6 升。“×1”表示求这样的 1 份是多少。

师：在计算 12 的$\frac{1}{2}$是多少时，$12\times\frac{1}{2}$比 12÷2 所表达的意思要更完整、更严谨。

4. 总结

无论是通过分析数量关系，还是理解其分数的意义，都能确定：$\frac{1}{2}$桶，就是求 12 的$\frac{1}{2}$是多少，就用$12\times\frac{1}{2}$。

三、变换情境，总结方法

师：将$\frac{1}{2}$桶换成其他分数会是什么情形？

活动二：（见下图）

1桶水的体积是12升。

$\frac{3}{4}$桶是多少升？　　$\frac{5}{6}$桶是多少升？

① $\frac{3}{4}$桶表示（　　）桶水的（　　），即求12升的（　　）是多少。

列式计算：________________

② $\frac{5}{6}$桶表示（　　）桶水的（　　），即求12升的（　　）是多少。

列式计算：________________

1. 合作学习要求。

（1）先想一想这两个分数的意思，再列式计算。

（2）和同伴交流你的想法，准备汇报。

2. 交流汇报。

师：以$\frac{3}{4}$桶为例，说一说你的思路。

生：$\frac{3}{4}$桶表示1桶水的$\frac{3}{4}$，即求12升的$\frac{3}{4}$是多少，就用$12\times\frac{3}{4}$，等于9升。

师：结合算式说一说计算的过程。

生：分母不变（指着分母4），12乘3，12可以和4约分（划掉12和4，分别写上3和1），再算$3\times3=9$。

师：在计算时先约分再计算会更简便，这点他做得很好。

师：你能说一说在这个约分的过程中，是怎么体现$\frac{3}{4}$这个分数意义的吗？

生：12和4约分，就是将12平均分成4份。“×3”是表示取其中的3份。

师：$12\times\frac{3}{4}$表示的是将12平均分成4份取其中的3份，也就是12的$\frac{3}{4}$。

师：谁能像这样，根据约分的过程，解释一下题目②中$\frac{5}{6}$桶水的问题？

3. 归纳总结：

师：我们计算了12的$\frac{1}{2}$、12的$\frac{3}{4}$、12的$\frac{5}{6}$分别是多少，如果换成别的分数你还

会算吗？

师：求 12 的$\frac{c}{b}$是多少，怎样列式？

追问：求 A 的$\frac{c}{b}$是多少，怎样列式？

归纳："求一个数的几分之几是多少"，用乘法解答。（圈出"一个数"和"几分之几"）

四、题组练习，归纳意义

1. 列式计算，并想一想算式的意思。

（1）4 公顷的$\frac{1}{5}$是多少公顷？

（2）$\frac{1}{5}$米的 4 倍是多少米？

（3）4 个$\frac{1}{5}$的和是多少？

学生完成作业，教师收集作业。

生：$4\times\frac{1}{5}=\frac{4}{5}$公顷　　$\frac{1}{5}\times4=\frac{4}{5}$米　　$4\times\frac{1}{5}=\frac{4}{5}$

2. 交流汇报：

师：你们有什么发现？

生：这几个题目的数据都是一样的。

生：算式和答案都一样。

师：为什么都可以用乘法来计算？你能说说算式的意思吗？

生：第一个是算 4 的$\frac{1}{5}$（倍）是多少，第二个是算$\frac{1}{5}$的 4 倍是多少。第三个是算 4 个$\frac{1}{5}$的和。

生：前 2 个问题都在算一个数的几倍是多少。而"求一个数的几倍是多少"，就是"求几个相同数的和是多少"的另一种表达形式，所以它们都可以用乘法计算。

五、勾连算法、领悟提升

师：在以后的学习中，我们会认识到更多的，不同种类的数，但我们却不会再单独开辟一个课时来学习相关的乘法的意义，你们觉得这是为什么？

生：因为它们都是一样的。

师：和谁的意义一样？

生：整数乘法。

只列式，不计算：

（1）求 10 个 3 的和；（2）求 10 个 0.3 的和；（3）求 10 个$\frac{3}{10}$的和。

学生口答（略）。

师：只要是求几个相同数的和，就用乘法计算。

师：如果换成要到中学才能学习的有关负数和无理数的运算呢？你也能列出算式来吗？

（4）10 个（－3）的和；（5）10 个$\sqrt{3}$的和。

学生口答（略）。

师：任何乘法算式，最终都能像整数乘法那样，解释成“求几个几的和是多少”。

师：这里的“10 个”能换成 7 个吗？那能换成 0.7 个或者$\frac{7}{10}$个吗？怎么解释算式的意义？请举例说明。

生：0.7 个 3 的和、$\frac{7}{10}$个 3 的和。

师：最终还是解释成了“几个几的和”。

师：在分数乘法这一单元里，我们下节课要学习的例题 3 中，会出现“$\frac{1}{2}\times\frac{1}{5}$”。你能说出它的意思吗？

生：能！

师：请和你的同伴说一说它的意思。怎样计算，我们下节课学习。

【课例解读】

突出知识贯通融合，落实数运算一致性

株洲市天元区尚格小学　宾　云

六年级上册第一单元“分数乘法”是小学阶段对于乘法学习的最后一个单元，是乘法基于数系的拓展进行的第二轮延伸。“分数乘整数”是例1，例2的内容，从属于数与运算的教学板块。是具有启承关系的两节课，放在一起进行摸索，皆源于整数乘法意义的延续和扩展。两堂课的研究从知识的结构化、一致性等角度出发，以落实分数运算的教学，提升教学实效，促进核心素养的落地。

一、立足于新课标，明确素养发展线

“分数乘法”单元属于数与代数领域第三学段的内容，新课标对该学段内容提出了明确要求。

学什么：简单的小数、分数四则运算和混合运算。

学到什么程度：能进行简单的小数、分数四则运算和混合运算，并说明运算过程。

怎么教：通过整数的运算，感悟整数的性质；通过整数、小数、分数的运算，进一步感悟计数单位在运算中的作用，感悟运算的一致性。数的运算教学应注重对整数、小数和分数四则运算的统筹，让学生进一步感悟运算的一致性。

基于核心素养导向，具体到单元的学科知识，“分数乘法”单元的教学目标最终确定为以下三点：(1）能够将整数、小数的乘法意义拓展至分数乘法，感受四则运算意义之间的关联。(2）理解分数乘法运算的算理，掌握分数乘法的运算法则，感受数的运算本质上的一致性，发展运算能力和推理意识。(3）利用四则运算的意义和法则解决实际问题，发展几何直观、应用意识。

二、整体解读教材，厘清知识逻辑线

“分数乘法”主要编排了9道例题，主要内容可分为3个板块，分别是分数乘法的意义、分数乘法的计算、相关问题的解决。分数乘法的意义是整数乘法意义的扩展，从数学本质上讲，两者完全一致。用分数乘法来解决的情形有两类：一类是整数乘法的直接延续，只是把求几个相同整数之和变成了求几个相同分数之和；另一类是求一个数的几分之几。例如要求 4 个$\frac{1}{2}$米是多少米，是可以用$4\times\frac{1}{2}$或$\frac{1}{2}\times4$表示，而要求 4 米的$\frac{1}{2}$是多少米，同样可以用$4\times\frac{1}{2}$或$\frac{1}{2}\times4$表示。实际上，4 米的$\frac{1}{2}$也可以说成是$\frac{1}{2}$个 4 米，因此不管是整数乘法还是分数乘法表示的都是求 a 个 b 的和，如果 a 是整数，就表示求几个相同加数之和，如果 a 是分数，就表示求一个数的几分之几。教材在例 1 中介绍了分数乘法的第一种情形，在例 2 中介绍了第二种情形。例 1 的教学虽然出现了分数乘法，但这时的乘法意义是旧知，即求几个相同加数和的简便运算；例 2 从计算角度是整数乘分数，但实际上已经延伸出新的乘法意义，即一个数的几分之几是多少，是乘法意义的延伸，也是本单元学习的新的乘法意义。

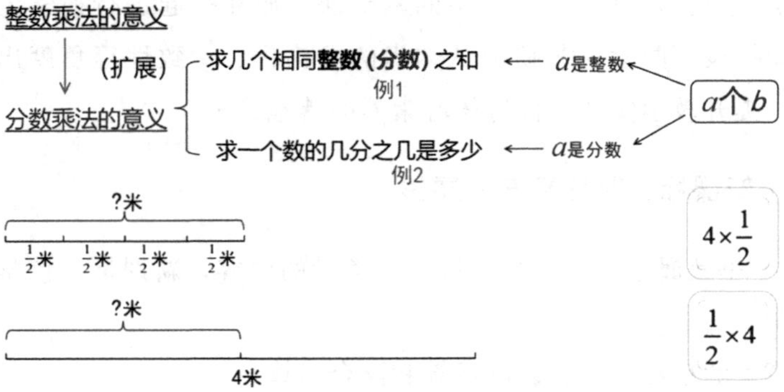

三、找准学生基础，把握认知逻辑线

为了准确定位学生的学习起点，在教学本单元内容前，我们对本校六年级 160 名学生进行了前测，主要考查他们对旧知的掌握情况，如分数意义的理解和分数加减法的算法与算理理解，以及对新知的了解，如分数乘法的类型、计算方法及算理的理解。前测结果显示，对于旧知学生基本上明确分数的意义，并且能用不同的图形表征或语言文字表达出来；能明晰分数加减法的算法和算理并能准确计算，只是部分同学在用语言文字表述算理时对于分数加减法为什么分母不变的道理较为模糊。对于新知，少数同学理解分数乘整数的意义，能从加法的角度来解释运算道理或通过将分数转化成小数进行计算；大部分同学能迁移之前的学习经验进行猜测，但并不能用说或画等形式验证自己的猜想。

四、多维确立目标，落实素养发展线

基于以上研究分析，我们确立了两节课的教学目标并明确了教学重点。“分数乘整数”例 1 的重点是：迁移整数乘法的运算经验，明确求几个相同分数的和用乘法计算的算理，理解不管是整数、小数、还是分数乘法，其算法的核心都是求相同计数单位的个数，感悟数运算的一致性。例 1 更多的是借助加法的关系明确算理算法，例 2 则是借助数量关系来突破难点，通过单位量×数量＝总量这一数量关系，联系“求一个数的几分之几是多少”与“求几个相同分数的和”，其本质上是一致的，只不过例 1 中分数表示的是“单位量”，例 2 中分数表示的是“数量”。

五、遵循认知规律，问题引领任务线

数学知识是有联系的，数学课程内容组织的重点是对内容进行结构化整合，探索发展学生核心素养的路径。分数乘法属于运算主题，但数的运算又与数的意义是息息相关的。为突破两堂课在设计上单一课时的局限，两位教师将两堂课进行了多层次的知识串联。

（一）多层次沟联，实现知识经验的迁移

整数、分数、小数的四则运算，本质上是一个整体，具有紧密的内在关联性。加减乘除四则运算的算理都是基于运算定律和等式的基本性质，加减乘除四则运算的算法都需要立足于计数单位。所以，例 1 教学先整体进入，在导入环节，将数认识与数运算整体学习过程进行回顾，巧妙地揭示了数认识与数运算的一致性；接着在基于乘法意义与计数单位的理解上，通过具体的求几个几（整数、小数）的和的计算，搭建分数乘法与整数、小数乘法沟通的桥梁。“分数乘整数”例 2 的教学中，在导入环节，将五年级分数意义进行渗透，立足已经明确的分数可以表示不足 1 倍的关系，所以，“求一个数的几分之几是多少”只是“求一个数的几倍是多少”的一种延伸。“一放”中先解决“3 个 12 升是多少升？”的整倍数问题，目的也是激活学生原有的学习经验，为后续为什么求一个数的几分之几用乘法作铺垫。

（二）聚焦核心概念，直抵知识本质

以核心问题为主线，贯穿分数乘法学习。通过对六年级学生的调研检测，发现学生对分数乘整数的算理表征不明晰，不知道整数到底是应该与分子相乘，还是与分母相乘，即便“猜”对了，也不能表达清楚算理。“分数乘整数”例 1 这堂课通过核心问题的引导，聚焦核心概念，抓住“计数单位个数的累加”这一核心计算方法开展教学。教学中不管是导入环节，“二三得六”到底在算什么？还是活动一、活动二中在九分之二乘三的计算过程中的 2 次提问：“分子上 2×3 是在算什么？”以及活动三对比题组的问题。都是在让学生经历算理算法的探究推理过程，明白分子乘整数其实就是在计算计数单位的个数，分母不变的道理是计数单位没发生变化，感悟乘法运算的一致性。

当一个量与另一个量的倍数关系小于 1 时，通常不再使用“几倍”的表述，而是

描述为"几分之几"。因此，在教学"分数乘整数"例 2 这一课时，首先需要让学生理解为什么要使用乘法，以及乘法的意义是什么。具体做法如下：

1. 依托情境，借助数量关系理清"求一个数的几分之几"为什么要用乘法。12 升的$\frac{1}{2}$该怎么列式？在以往的教学过程中，我们常常会遇到即便是学过这个内容的同学往往也还是分不清到底是用 $12\times\frac{1}{2}$，还是 $12\div\frac{1}{2}$，教学中该如何解决这一问题呢？依托计算水桶中水体积的情境，多层次地引导学生借助数量关系来理清"求一个数的几分之几"为什么要用乘法。通过活动一中 3 个层次的研究，学生发现了"求一个数的几倍是多少""求几个相同加数的和""求一个数的几分之几"三者的数量关系在本质上是一致的。再通过追问算式"$12\times\frac{1}{2}$"的意思是什么？更加深化了"求一个数的几分之几"就是"求一个数的几倍是多少"的一种延伸而已。最后一个层次，利用学生的资源，从小数的角度和分数意义的角度来理解求 12 的$\frac{1}{2}$，就用 $12\times\frac{1}{2}$。这样，无论是通过分析数量关系，还是理解其分数的意义，都能确定，"求一个数的几分之几"为什么要用乘法的道理。

2. 突出分数的意义，建立"求一个数的几分之几"乘法算法模型。值得强调的是，本单元关于乘法意义的教学被单独拎出来，更多还是为了后续解决较复杂的分数问题而服务的，那例 2 的教学，主要目的还是突出对分数乘法的意义的理解，同时，除了对概念上的理解，还应均衡对计算能力的训练，弥补上一课中运算能力训练不足的问题，所以在活动二中再次强化对算式的计算过程的梳理和回顾，以建构分数乘法的算法模型。

（三）一致性串联，织就知识生长网

1. 乘法题组，彰显运算一致性。

"分数乘整数"例 1 这一课通过活动三乘法题组的对比辨析化归乘法计算的核心算法——求计数单位的个数，并通过"知一通百，生生不息"的举例补充，将其延展到加法与减法计算，再一次感受乘法、加法、减法计算方法的一致性。

"分数乘整数"例 2 这一课时，同样也在活动三中设置题组，在"不同的情境、不同的问题，为什么却用了同一个算式解决问题"的思考过程中，明晰"求一个数的几倍或几分之几是多少"，就是"求几个相同数的和是多少"的另一种表达形式，都可以用乘法计算。我们关于分数乘法意义的探索，都是基于整数乘法的意义而展开的。

2. 设疑留白，让知识向上生长。

在学生通过观察、实验、操作等探索性活动积累了一定的经验后，教师就要引导学生进行总结，以提升他们的知识水平，并帮助他们形成一个结构的知识网络。为此，这两节课除了每个活动的小结外，在开放延伸环节也有自己的思考，让学生补充留白算式，2 个空的补充都可以是整数、小数或分数，例 1 侧重的是后续分数乘法学习的延展，分数乘小数、分数乘分数等，例 2 则是对乘法的意义进行数域的延伸，不管怎样延展，乘法的意义不变。

总之，针对分数乘法的重要性和困难性，“分数乘整数”例 1、例 2 这两堂课从一致性的视角，根据学情，依据教材，将分数乘法、整数乘法与小数乘法 3 个知识板块串联成知识群进行教学，实现运算意义和运算方法的和谐统一，促进学生对乘法运算算理的理解，发展其运算能力和推理意识，在学生心中种下见木亦见林的结构化学习的种子，为后续的学习积蓄了向上生长的力量。

第四章 基于新课标“数与运算一致性”单元整体教学的思考

新课标理念下“数与运算一致性”的理解与实践

株洲雅礼实验学校 张 平

小学数学教学是学生系统接触数学的开端，要求将学生对数量和图形的直觉感知转化为对数学概念的理解。这包括将学生对物体数量和图形尺寸的感知转变为对数学概念及其相互联系的理解，并有能力运用数学符号予以表达。在教学初期，教师应运用生活情境来辅助学生理解整数、分数和小数，通过具体情境使他们掌握数的运算规则。然而，若小学数学教育过分依赖现实背景和实际意义，学生可能无法领悟到整数、分数和小数在表达和计算方面的一致性，这可能导致他们认为数学知识零散而无关联，进而影响了记忆效率。更为关键的是，这种情况会阻碍学生把握数学的本质，限制他们抽象思维能力和符号理解能力等核心素养的发展。因此，小学数学教学应根据新课标的要求，强调数的概念和运算之间的内在一致性。

一、“数与运算一致性”的认识

小学的“数与运算一致性”是指在数学教学中，数的认识和运算方法之间应该保持一致性和连贯性。这个概念强调了数学教学中数的概念和运算方法之间应该相互协调，相互支撑，使学生能够全面理解数的含义，并能够灵活运用各种运算方法进行计算。教师在推进数与运算一致性教学时，教师的角色尤为重要，应聚焦于培养学生的批判性思维和问题解决技巧。通过灵活多样的教学策略和实践活动，激发学生的数学思维潜能，从而推动学生的数学素养提升。

小学生对数的理解往往基于实际情境，例如通过日常生活中的量化体验来理解整数，通过解决涉及元、角、分以及米、分米、厘米的实际问题来理解小数，再通过部分与整体的等分关系来领悟分数。虽然整数、小数和分数表面看起来截然不同，但计数单位是认识它们的关键所在，因为无论哪种数，其本质都是计数单位的数量表示。同样，传统教材中对数的运算处理缺乏连贯性。整数乘法可视为相同加数的快捷求和，而小数和分数乘法则不能简单类比，如 0.3×0.4 不能直接解释为 0.4 个相同的 0.3 的累加。三者的运算各有各的不同，这使学生难以理解，这也是教学的一大难题。如果教师能聚焦于计数单位的核心概念来教授数的运算，就能有效化解这一困境。

实际上，数与运算之间存在着内在的一致性。这种"一致性"主要表现在理解数的生成过程和把握数的定义，以及在探索算理和算法的过程中理解计算原理并掌握计算方法。这样一来，学生就能认识到所有的数都是相同计数单位的累积，而运算无非就是这些单位的加减乘除。以分数教学为例，为什么教学过程常感困难，学生学习成效不高？原因在于教师未能深入理解数的本质，并忽略了数的概念与运算之间的内在联系。教师应探索分数概念与分数运算间的一致性和相互作用，以此为基础整合"数"与"运算"的教学。分数的概念是多元的，可以表现为"整体与部分的比例"或"两个独立量之间的比率"，也可从"单位"的角度理解，将分数视为"1"这个单位的细分结果，细分后的单位小于"1"，即分数单位，分数则可以看作分数单位的累加，或者是单位的度量。通过这种方式，学生能够将他们在自然数学习中积累的经验迁移到分数的理解上，并建立起分数概念与运算的联系。

例如，将一枚月饼均匀分配给 4 人，每人能得到多少部分？也就是计算 1 除以 4 的数学问题，即每人都获得四分之一。当除法的结果无法用整数描述时，我们就需要用到新的数学概念——分数来表示。分数的意义在各类实际问题中具有共通性。教师可以通过"分割"来演示分数，通过"测量"来算出分数，以及通过"计算"来深化对分数概念的理解，从比例、测量、计算以及除法的不同视角深化分数的内涵。

从上述示例可见，分数的含义始终与运算相连，分数运算可视为对基本计数单位的操作。所以，在教授"数与运算"的过程中，一旦学生领悟到"一致性"的原理，他们就会明白小学阶段的所有运算本质上都是对计数单位个数的操作，进而能体会"数与运算"的核心，并在不同知识点间建立关联，从而更透彻地运用知识。

二、"数与运算一致性"的实践

围绕"计数单位"这一核心，数学教学应致力于打通不同数学知识间的隔阂，引导学生在数的认识和运算的学习中领悟数与运算间的内在关联，以深入理解数学的本质。

1. 运用实物辅助，构建数的本质概念。

理解数的构造是掌握数的关键。所有的数都建立在计数单位的基础上。教师需创造贴近生活的场景，让学生通过数数、读数和写数，利用小方块、圆形物或小木棍等工具展示数量，进而学会数字表达。通过观察和动手操作，将数与形相结合，让学生理解一个数字可以代表相同的数量，了解每个数位上的数字所代表的不同值，并领悟位值制的核心，从而使抽象概念具象化。比如，学生在学习整数之初，先接触1—5和0，再学习6—10，随后是11—20，其中，对0和10的理解尤为关键。在教授10以内数时，教师可着重引导学生感受1—9从实际数量到数字的抽象过程，通过9加1得到10，体验10与1－9的区别在于新位置上多出1，即“十位”，这里的1表示1个十，用数字10表达。同样地，学习百以内和千以内的数，通过比较数量，理解数的大小关系，有助于培养学生的符号意识和数感。

2. 通过直观操作，深化数的运算理解。

运算教学通常比较抽象且单调，教师可采用摆弄小木棍、使用计算器或点图等直观手段，让学生在理解计算原理的同时掌握算法，感受运算教学的一致性。如在“两位数乘两位数”复习课上，教师布置任务：计算12乘以2和12乘以12，在点图上标记竖式过程，然后思考：“这两种计算方法有何共同之处?”学生通过描绘点图，自行探索并分享发现：在计算12×2时，将12分为2和10，先算2的2倍，再算2的10倍，最终合成2的12倍；同样，在计算12×12时，也把12分解为2和10，先算2的12倍，再算10的12倍，最后合并为12的12倍。无论是两位数乘一位数还是两位数乘两位数，实质都是在计算计数单位的数量，确定有几个10、几个1和几个100。

3. 连贯理解，探究运算的内在一致性。

新课标中首次提出“计量单位”的概念，即“有关数量和顺序的计量单位”。教学经验显示，学生能有效掌握这一概念，并能用“计数单位的数量”来统一描述整数、分数和小数，感知“数概念的一致性”。在教授“数与运算”的各个阶段，教师应始终围绕“一致性”这一核心展开，确保教学内容的连贯性，不仅要明确当前阶段的学习目标，还要关注整个运算体系的“一致性”。例如，在数字的认知过程中，以“1”为参照，向上的序列形成整数，是计数单位的累积，如10个一是十，10个十是百，10个百是千。向下则转变为分数或小数，基于计数单位的分割，分割的份数随计数单位的不同而变化，于是就有了分数单位。无论是对整数、小数还是分数的理解，都可以从数量的“多寡”和数的“关联”入手。

三、结语

数的概念核心在于理解其本质含义，要求学生经历从具体数量到抽象数的转变过程，深刻领会数的内涵，初步体验数是对数量的抽象表示，从而洞察数的内在一致性，培养数感和符号理解能力；计数单位是感受“运算逻辑的一致性”的关键工具。而

“数与运算的一致性”则是教育的重要组成部分，对学生数学学习和思维发展具有深远影响。学生对数的概念与运算一致性的理解并非一蹴而就，而是需要一个渐进且深入的过程。教师在教学中，不仅需要教授计算技巧，更要激发学生从全局视角审视数与运算的关系，让他们能够理解运算背后的原理，全面把握课程内容，从而提升核心素养。

参考文献：

[1] 王宇驰．大概念视角下小学数学数与运算一致性的实践 [J]. 亚太教育，2023 (20)：160—162.

[2] 汤卫红，王圣昌．基于数与运算一致性的“0.1×0.1”教学 [J]. 小学数学教师，2023 (4)：54—58.

[3] 魏建梅．小学数学“数与运算一致性教学”的方法探究 [J]. 数学大世界（下旬），2023 (3)：26—28.

题组模块：指向深度学习的结构化教学策略

株洲雅礼实验学校　黄淑冬

一、研究缘起

近年来，随着新课改的深入，尤其是旨在发展学生的核心素养，深度学习在教育领域掀起研究的热潮。教育领域对深度学习的关注度不断提高，深度学习已经成为绝大多数数学教师的共识。

2019年1月，顾亚龙在《题组模块：给数学课堂以生长的力量》一文中，提出了“题组模块”的教学理念。“题组模块”打破单个例题碎片化的教学，引导学生生成以“题组”为单位的模块化学习材料，使隐性的数学规律、数学模式显性化，促进学生对数学本质的理解，关注数学素养，指向模式建构。可以说，“题组模块”教学给数学学科如何联系、如何进行深度学习指明了路径。

2021年7月，中共中央、国务院办公厅印发了《关于进一步减轻义务教育阶段学生作业负担和校外培训负担的意见》，更加需要我们探索并建构适合于儿童发展的教育教学模式，提高课堂教学效率。“题组模块”对学习内容结构化设计的教学主张，倒逼教师对教学内容的数学本质以及前后联系、关联沟通的认识了解，必将极大促进教师对数学教学内容深度理解基础上教学水平、教学效果的提升。

二、建构策略

1. 针对例题的单薄，补充同质内容，促进学生感知规律。

通过对教材的研究发现，绝大部分的新授内容，教材上都只安排了1个例题，我们一线教师也通常是利用这一个例题来展开教学，由此就会出现以下困境：无法较全面地概括规律；大多数学生无法提炼学习方法；无法深入地感知知识的本质。教师可以针对例题增加2～3个同质内容，形成一个题组，促进学生感知规律。

例如，人教版四年级下册“乘法分配律”在人教版四年级下册中是一个难度偏大的内容，作为运算定律中唯一的含有两级运算的定律，对很多学生来说，理解并掌握这个内容比较困难。教师在设计这一课时有意识地构建同质的“题组”，增加感知材

料，增添认知体验，去破开本节课的难点、错点。（见下图）

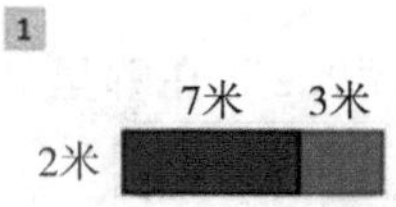

1. 它们的面积一共是多少平方米？

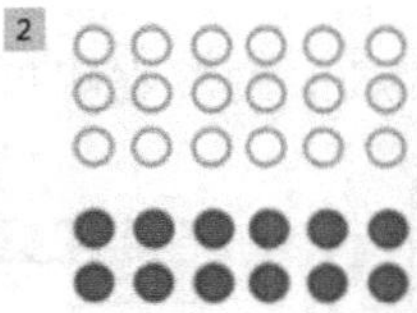

2. 一共有多少个圆片？

3. 一共有25个小组，每组有4人负责挖坑、种树，2人负责抬水、浇树。每组要种5棵树，每棵树要浇2桶水。一共有多少名同学参加了这次植树活动？

活动一：

（1）选择一个你喜欢的情境列式解答，可以有多种方法。

（2）说说你列式的思路？

（3）准备汇报。

2. 针对情境的单一，整合课后练习，助力学生增进理解。

不断深入思辨是深度学习的标志。在题组的设计中，教师要善于抓住数学的本质特征，把背景各异的问题有机地融合在一起，使学生增进理解。如人教版六年级上册“用抽象的‘1’解决实际问题”一课，教材让学生经历“工程问题”的解决过程，掌握假设、验证等解决问题的基本策略，体会模型思想。为了更好地引导学生感知数量关系，建立这类问题的模型，在探究完例题后，可以将课后练习中的几种经典情境组合在一起，形成一个题组：

（1）一批货物，只用甲车运，6 次能运完，只用乙车运，3 次能运完。如果两辆车一起运，多少次能运完这批货物？

（2）甲车从 A 城市到 B 城市要行驶 2 小时，乙车从 B 城市到 A 城市要行驶 3 小时。两车同时分别从 A 城市和 B 城市出发，相向而行，几小时后相遇？

（3）某水库准备打开泄洪口调节水位。只打开 A 口，8 小时可以完成任务；只打开 B 口，6 小时可以完成任务。如果两个泄洪口同时打开，几小时可以完成任务？

师：这几个问题都不是工程问题，它们和今天学的工程问题有关系吗？

所以题组有时候并不需要老师绞尽脑汁去创编，只要目标适切，教材上的习题就能进行加工与整合。

3. 针对练习的局限，组织变式辨析，帮助学生把握本质。

通过长期的实践教学可以发现，学生往往对例题和与例题类似的单一形式的题掌握得比较好，一遇到变式或逆向思维的题，出现的问题就比较多。出现这种现象的原因除了题本身的难易程度和学生的思维能力水平以外，其实还与我们的教学有关，教学中要在学生掌握基础的同时，适当变式，让学生每节课都能得到思维的深度发展。

例如，在“小数的初步认识”一课中，为了巩固和提升学生对小数意义的理解，可以设计这样一个题组：

辨一辨：下面哪些图示能够表示“1.2”，请标出“1”在哪里，“0.2”在哪里。

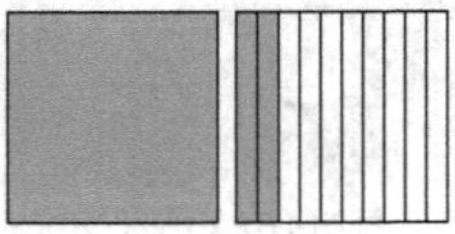

①

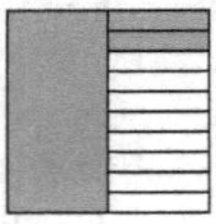

②

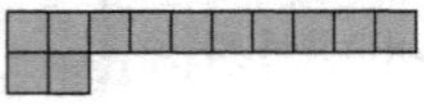

③

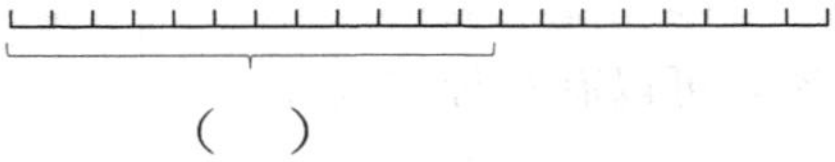

④

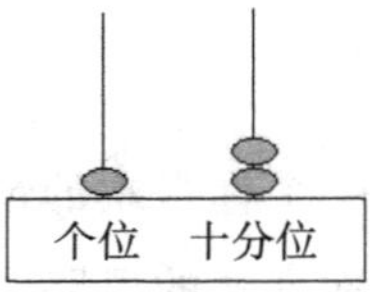

⑤

通过对图的辨析，帮助学生打破思维定势，促进学生对“0.1”和“1”之间关系的理解。

4. 针对沟通的需要，设计关联题组，引导学生形成结构。

数学是一门结构性、关系性很强的学科，教师教学时要注意在一些节点帮助学生把散点的知识串联起来，引导学生联系沟通，形成结构，把书读“薄”。

例如，五年级下册“同分母分数的加、减法”，设计以下题组，让学生感悟整数、小数、分数加减运算的一致性：

填一填，想一想，它们的计算过程有什么相同的地方？

$\frac{5}{7}-\frac{3}{7}=$（　　）

想：5个（　　）－3个（　　）＝2个（　　）

500－300＝（　　）

想：5个（　　）－3个（　　）＝2个（　　）

0.5－0.3＝（　　）

想：5个（　　）－3个（　　）＝2个（　　）

三、价值意义

1. 改变了教师就课论课的备课方式。

通过调查访问发现：“题目模块”式教学研究对老师们的备课思路、对教材的理解、看待习题的眼光、课堂效率和课后辅导等方面都有了正面的影响。课堂容量增大了，学生的练习时间增多了，学生的思考和表达时间变多了，学生的思维能力也变强了。题组模块丰富了学习素材、强化了理解，更利于发现和总结规律，更利于形成完整的知识结构，更利于培养举一反三的能力。

2. 延展了学生数学理解的课堂时空。

数学教材中有些难以理解的、内涵比较丰富、抽象的概念，教师通过设置大题组，模块推进，可以让学生在学习进阶中逐步获得对概念的完整认知，从而分解学习的难度，有效缓解学生的学习焦虑。

3. 让学生的数学思维更有张力。

“题组模块”结构化教学会促使教师在知识之间关系的理解上去思考和琢磨，促进教师对教学内容的理解。如“分数加、减法”，作为小学阶段加、减法认识的最后一课，在拓展延伸环节，教师带领学生从一年级所学开始，边回顾边梳理，逐步呈现小学阶段学过的所有与加法有关的运算，让学生感悟加法运算的本质就是相同单位个数的合并。同时也让学生感悟：单位相同时，无论是2个苹果加3个苹果，2个0.1加3个0.1，还是2个x加3个x……所算的都是“2+3=?”，其思维过程是相同的，帮助学生思维减负。

四、结语

总之，基于“题组模块”式教学的研究，在切切实实的实施中，给予了所有老师以思考和成长，让我们从“单点”设计转变为“串联”设计，让我们更加贴近学生的学情去进行教学，在老师们走得越来越扎实的同时，也以数学的力量沁润着学生，协“题组”之力给予学生更多的认知素材，拓宽学生的学习经验，使学生的思维主动生长。

参考文献：

[1] 马云鹏．深度学习的理解与实践模式——以小学数学学科为例[J]．课程·教材·教法，2017，37（4）：60－67.

[2] 顾亚龙．题组模块：给数学课堂以生长的力量[J]．小学数学教师，2019（1）：34－40＋2.

[3] 厉金文．关注概念联结，促进深度理解——“认识小数”教学设计[J]．教学月刊小学版（数学），2023，6：34－37.

科学探寻学习起点，合理定位结构化目标

——以“同分母分数加、减法”为例

株洲雅礼实验学校　黄淑冬

建构主义学习理论认为“学什么比怎样学更重要”。找准学习起点，合理制定教学目标，确定学习内容，是结构化教学的前提和基础。

在平时的教学中，教师习惯于主观判断学生的学习起点，并自以为正确，其结果往往是或低或高的估计了学生，这就直接导致了学生在课堂上的无奈和茫然。那么，教师如何缩小对学生学习起点的判断与学生实际情况之间的差距，做到客观、准确呢？除了教师内在的思考外，更多地需要教师付诸外在的行动来实现自己对学习起点的准确把握。在新课教学设计前，运用访谈、问卷、测试的形式进行前期调研，并通过分析调研数据，了解学生已有的知识基础，以此来找准学生的学习起点是教学常用的方法。

人教版五年级下册“同分母分数加、减法”一课在我们开展“数与运算一致性”教学改革研究之前，是教师普遍认为特别容易的一个内容。知识层面，学生能根据分数的意义，轻松算出得数，并概括算法；技能层面，学生普遍能够课内轻松掌握同分母分数加、减法的算法。无论对教师还是学生，这个内容似乎都太容易。三年级学生已经学习了“简单的分数加、减法”，五年级再学，学什么？从哪里开始呢？

下面我们就以一个典型内容为例，来谈谈如何在已知学生逻辑起点的基础上，探寻学生学习的真实起点，合理定位结构化目标。

一、前测问题设计

1. 你会算吗？

$\frac{1}{4}+\frac{2}{4}=$　　　　$\frac{3}{7}+\frac{4}{7}=$　　　　$\frac{5}{6}+\frac{5}{6}=$

$\frac{7}{8}-\frac{3}{8}=$　　　　$1-\frac{1}{6}=$　　　　$4-\frac{4}{5}=$

2. 以“$\frac{1}{4}+\frac{2}{4}$”为例，说说你是怎样算的。

3. 你知道这样算的道理吗？写一写或画一画。

大家看到，第 1 题“你会算吗”，很明显是承接三年级学生已学的同分母分数加、减法，但仔细看，你又会发现，最后一组“$\frac{5}{6}+\frac{5}{6}$”和“$4-\frac{4}{5}$”超越了三年级的学习要求，这是五年级将要学习的内容。一道是两个纯分数之间的相加，一道是整数与分数之间的计算，并且是减法，两道算式计算结果都超过了 1 的范围。我们想看看，基于原有的学习基础，又经过第四单元分数意义和分数单位的学习，学生是怎样解决问题的？能不能解决？题目不多，几乎每一道都代表一种类型。

第 2 个问题让学生以刚刚计算的第 1 道算式“$\frac{1}{4}+\frac{2}{4}$”为例，说说自己是怎样算的，把看不到的思考过程展示出来，针对课堂观察中学生总是一开始就能说出“分母不变，分子相加”的现象进行摸底，考查学生对分数加、减法算法的掌握和表达。

第 3 个问题承接第 2 个问题，考查学生对算理的理解目前在什么层次。

学生答题结果如下。

二、前测数据统计

1. 你会算吗？

表 1 前测“问题 1”完成情况统计

题目	正解 1	人数	正解 2	人数	错解	错误率
$\frac{1}{4}+\frac{2}{4}$	$\frac{3}{4}$	50			1	1.96%
$\frac{7}{8}-\frac{3}{8}$	$\frac{4}{8}$	46	$\frac{1}{2}$	1	4	7.84%
$\frac{3}{7}+\frac{4}{7}$	$\frac{7}{7}$	25	1	24	2	3.92%
$1-\frac{1}{6}$	$\frac{5}{6}$	49			2	3.92%
$\frac{5}{6}+\frac{5}{6}$	$\frac{10}{6}$	43			8	15.69%
$4-\frac{4}{5}$	$\frac{16}{5}$	25	$3\frac{1}{5}$	3	23	45.10%

2. 以“$\frac{1}{4}+\frac{2}{4}$”为例，说说你是怎样算的。

表 2　前测“问题 2”完成情况统计

本题中的具体表现	举　例	人数	占比
图示或文字，从意义表达	 $\frac{1}{4}+\frac{2}{4}$	9	17.65%
语言表达，抽象算法	分子相加，分母不变，所以$\frac{1}{4}+\frac{2}{4}=\frac{3}{4}$	42	82.35%

表 3　前测“问题 3”完成情况 SOLO 思维层级分析

SOLO 思维层级	水平一：前结构	水平四：关联结构	水平四：关联结构	水平五：抽象拓展结构
表征情况	不理解题意，不会做	能联系分数的意义，对算式左右两边的意义和关系画图说明	能联系分数的意义，对算式左右两边的意义和关系用文字描述	能根据数认识的一致性做出数运算一致性的推理
典型回答	空白	 $\frac{1}{4}+\frac{2}{4}=\frac{3}{4}$	把一个圆平均分成 4 份，先取 1 份，再取 1 份，加起来就是 3 份，就是$\frac{3}{4}$	① 分数跟一般的数差不多，也是加、减，但是遇到分母不一样的时候，就要换成相同的分母再进行加、减 ② 两个分数的单位一样
人数	4 人	29 人	16 人	2 人
占比	7.84%	56.86%	31.37%	3.92%

三、前测数据分析

从抽测学生的统计结果看，不上这节课，有 88.23%的学生能从分数的意义解释计算过程，82.35%的人能介绍计算方法：分子相加，分母不变。得数在 1 以内的加减法，几乎都能正确计算。但得数超过 1 的，尤其是被减数大于 1 的，学生错误率明显攀升。这个统计让我们看到，学生现有的计算基础是基于分数意义来理解的，“分数单位”对绝大多数同学来说只是学过的一个名词；这个前测也让我们看到学生基于分数意义的想象局限。因此，无论是从异分母分数加、减法算法的理解，还是学生分数计算能力发展的需求，都显示出基于数的组成理解算理、掌握算法的必要性。

局部剖析，从问题 3 答题情况来看，只有 3.92%的学生对分数和整数、小数加减运算的一致性有所感悟，能从数的组成即分数单位的角度理解和思考；依据 SOLO 分类理论，当前绝大多数学生对分数加、减法算理的理解处在“关联结构水平”。

“SOLO”是“Structrue of the Observed Learning Outcome”首字母的缩写，由澳大利亚学者比格斯提出，意为：可观察到的学习成果的结构。在学习活动中，学习者会产生一系列可视化表征。SOLO 分类理论将学生在解答某个问题时的思维表现分为五层：前结构、单点结构、多点结构、关联结构和抽象拓展结构。通过这些可视化表征，根据 SOLO 分类理论，我们可以更精准地刻画与描述学习者达到的理解水平，为科学地制定教学目标和教学任务奠定基础。

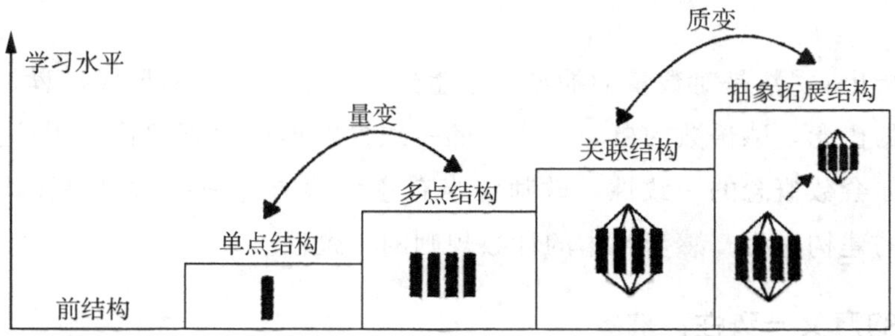

依据 SOLO 分类理论，教学目标要基于学生最近的思维水平“加一”。即如果学生的思维水平大多处于水平四“关联结构水平”，那么我们的教学目标定在水平五“抽象拓展结构”水平比较合适。

四、学情诊断

基于以上分析，“同分母分数加、减法”一课的教学着力点就基本清晰了。

（1）如何从基于感性经验计算转到基于理性认识计算？关键是让学生理解，相同单位的分数分子才可以直接相加、减；进而总结提炼同分母分数的运算法则——分母不变，只把分子相加、减。

（2）让学生感悟分数加、减法，整数和小数加、减法之间的实质相同，使认知结构化。

学情调研分析是探寻学习起点常用的方法。结构化教学无法回避的问题是结构化到什么程度？基础目标的达成和结构目标的达成应是相辅相成的过程。如何在任务驱动中，让学生在经历、体验和感悟中自然认识“数与运算一致性”，减少说教，学习起点的认识和把握变得尤为重要，教师应掌握基本的方法。

参考文献：

[1] 胡冬梅．基于 SOLO 分类理论的小学数学“五构”教学［J］．小学数学教师，2023（3）：14－18＋2.

多轮建构，感受数概念的一致性

作者：株洲市天元区泰山学校　吴晨曦
指导：株洲市天元区泰山学校　李黄金

新课标指出：“数是对数量的抽象，学生经历由数量到数的形成过程，能更好地理解和掌握数的概念，感悟数的概念本质上的一致性，形成数感和符号意识。”为了让学生更深刻地体会数概念的一致性，教师应当有意识地通过一系列的课程让学生经历计数单位完整的建构过程，感受当中的计数规则的一致性。

一、数的意义一致性：抽象

无论是对整数、小数还是分数的认识，学生都要经历两个层次的活动：第一个层次是从具体的数量到抽象的数，第二个层次是从抽象的数又回到具体的数量。

（一）数是对数量的抽象

数概念的核心关键在于抽象，在认识数时，学生要充分建立不同的物体和半抽象的小棒、计数器珠子的关联，感受虽然物体的表征不同，但它们的数量都是一致的，从而可以用同样的数字来表示。例如在认识 5 时，教师通过找到 5 只鸭子、5 个南瓜、5 根小棒、5 个苹果等物体的相同点，将“5”这个数学符号进行抽象，赋予“5”数的意义。以此方法学习，学生在对数进行“开花”时，可以又采用不同的方式（见下图）表征出其他的数，感受数来源于物体的数量，又用于表达物体的数量。

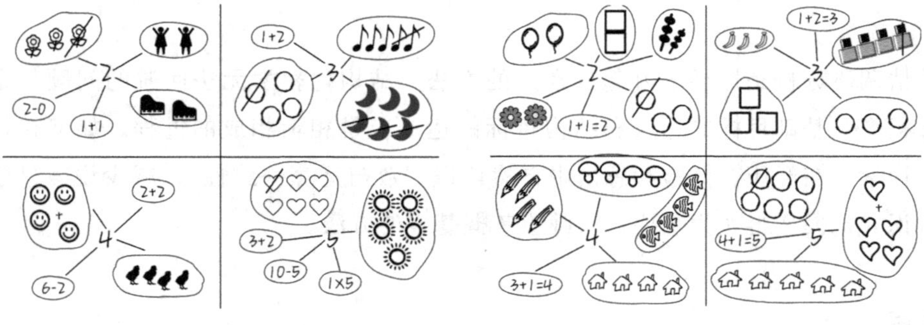

（二）数量是数的具象表征

在后续的学习中，随着数越来越大，数的表征也发生了变化。从最初的圆片、小棒为主要表征形式，到以计数器为主要工具来研究数，让学生感受数越大，越难用具象的物体进行表征。对于大数的感知，学生往往显得不那么敏感，究其原因，是因为数量少时，能一眼看出数量，而数量多时，则看不出来了，因此，缺少表象经验的建构，即数感的培养。结合生活经验，对于较多数量的实物，我们在估计时往往需要借助一个标准量来帮助我们推理。显然，数的大小感知也离不开标准量的对比，这是数认识中必不可少的过程。例如，在认识 100 时，100 颗绿豆铺不满一个手掌，但 100 颗桂圆用两只手来捧要捧好几次，这样的对比下，对 100 的大小感知，就显得立体了起来。数的大小，是相对的。在认识“一亿有多大”时，教师也需引导学生将 1 亿张纸的厚度与教学楼的高度、神农塔的高度和珠穆朗玛峰的高度进行对比，感受 1 亿真的特别大。借助参照物，在具体表征中感受数的大小，这是对数抽象后，又一具象的感知，充分体现了数抽象于数量，但又表征于数量。

二、数的表示一致性：计数单位

史宁中教授曾经说过：“认识数的关键是理解数的建构方法。所有数都是基于计数单位来建构的，数的发展过程就是计数单位的发展过程。”现行的十进制计数法的形成不是一蹴而就的。从数学史来看，人类从 0—9 的发明，到创造出“10”，中间经历了漫长的过程，而 10 的创造，就是计数单位的一次创造。对于小学生而言，感受数表示的一致性，第一节关键的课就是“10 的认识”。这是在经历了创造新的符号（0—9）来计数后，首次采用了“组合”的方式来创造出一个新的数——前提是产生了新的计数单位。在这样的方式下，就必然会产生组合的规则——“满十进一”。对于一年级的学生，如何打破制定规则的“灌输式”学习来让学生发现和理解“满十进一”呢？教师通过生活中的经历：10支笔装 1 盒，10 个羽毛球为 1 筒，10 颗珠子穿成 1 串，10 根手指组成 1 双手等，感受在数量中，存在着计量单位的变化，从而抽象到数中，有计数单位的变化，自然地引出“十”这个计数单位。通过生活经验和知识的联结，充分理解“10 个一组成 1 个十”，又在不同素材的沟通中，感受 1 个十的“1”和 1 个一的“1”表示的意义不同，在不同的计数单位中，同样的数字表示的意义已经发生了变化。而在 20 的认识中，学生对“满十进一”的认知，发展成了“每满十就要进一”。虽然没有新的计数单位的产生，但学生在数数的过程中，发现了不仅个位上的计数单位在数数时会累加，十位上的计数单位也会产生累加，这是对计数法则认知上的一次扩充，也为后续的认知发展提供了基础。

第二节关键课则是“100 以内数的认识”。教师通过数实物，把实物分成 10 个 10 个一堆，抽象到数小棒、计数块，把小棒、计数块十个十个地捆成 1 捆或摆成 1 排，再到用计数器拨数，个位上每次满了 10 颗，就退回去，在十位上进 1 颗珠子。于是，出现了相似的情况：捆了 10 捆、摆了 10 排，十位上也满了 10 颗珠子——又有了新的

"满十"，学生通过已有的经验，自然地想到了要继续"进一"，在具象和抽象地表征中，创造出了"百"这个新的计数单位，并且借助计数器能感知计数单位从右到左会越来越大，进而将计数法则的认知扩充成了"每个计数单位满十，都会向前产生新一个计数单位"。(见下图)

10的认识

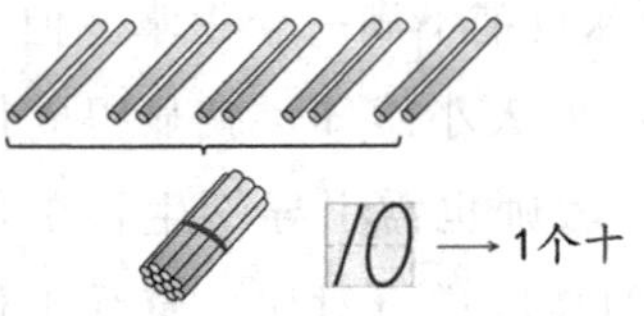

100以内数的认识

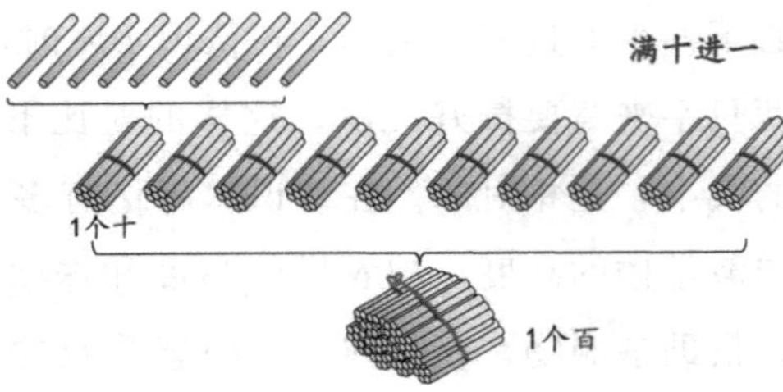

第三节关键课则是"大数的认识"。在之前的认知中，学生对于计数单位，停留在不断创造字来表示计数单位，但在这一节课中，他们第一次接触到了数级的概念，并在探究中发现，与以前学习的"个""十""百""千""万"不同，从"十万"开始，计数单位也采用了"组合"的方式——以"四位一级"来表达更大的计数单位。这又是一次对计数法则的认知补充。至此，整数的计数法则已经趋于完善。同样，教师在此课中可以科普国外的计数法则"三位一级"，引导学生感受二者之间的共同的特性：虽读法不同，但都是为了记忆和记录的方便，并且用符号表示出来的数是一致的。

通过这三节关键课，我们不难看出，无论多大、多小的数，在数的表达上，都是基于抽象的符号（0—9）和计数单位所构成的。这样的认知，能让学生在脑海中建立一整套完整的计数法则，并在之后数系的扩充中，自然而然地运用这样的学习路径来研究小数、分数，感受小数、分数也是由"数＋计数单位"所构成的，这是数认识一致性的进一步体现。

三、数与运算一致性

新课标指出："数的认识与数的运算具有密切的联系，既要注重各自的特征，也要关注二者的联系。数的认识是数的运算的基础，通过数的运算有助于学生更好地认识数。"根据皮亚诺公理可知，从1开始，后续的所有数都是由计算产生的，例如"1＋1＝2"。因此，在学习数时，不能仅仅把数的学习作为一根"独木桥"，它是和运算相交融、密不可分的康庄大道。从学习2起，教师就应该让学生感受到数量的累加产生了新的数量，从而抽象出了新的数。这一理念，在教材中得到了充分的体现：认识数和数的分与合以及对应的加、减法都是前后学习内容。但笔者认为，加法可以前置于数概念教学中。例如，在学习"7的认识"时，通过课件呈现，已经拔了6根萝卜了，又拔出来了

1 根，学生能自然地说出 7，也能通过主题图自然地想到对应的算式：6＋1＝7。这既体现了数的产生，是一个一个数出来的，又让学生感受到了数与运算的密切关联。

反之，数的认识可以促进学生对运算的理解。教材在一年级《100 以内的数的认识》这一单元中，将数的组成和整十数加减一位数及对应减法安排在了较远的两个课时中，虽借助了小棒帮助学生理解，但显然不足以体现数与运算的一致性。笔者在“数的组成”这一课时中，让学生通过计数器知道了 96 是由 9 个十和 6 个一组成后，抓住了“9 个十和 6 个一”这个回答，引导学生：“‘和’在数学中可以用哪个符号来表示？你能把这句话用一个算式表示出来吗？”将数的认识和数的运算相联系（见下图左），让学生体会到了二者之间的紧密联结，自然而然地举一反三写出了其他的算式（见下图右），这不仅是数与运算一致的体现，更为将来理解多位数乘法的算理打下了坚实的基础。

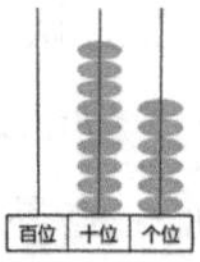

写作： 9 6
读作： 九十 六
数的组成：9个十和6个一
↕
90+6=96
96-6=90
96-90=6

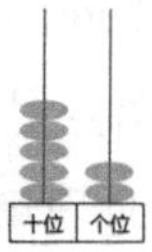

写作： 5 2
读作： 五十 二
数的组成：5个十和2个一
↕
50+2=52
52-2=50
52-50=2

四、现存的问题与改进措施

（一）教材编写的不足之处

通过笔者教学实践可知，在新课标理念下，“数认识的一致性”和“数与运算的一致性”能基本达成。但现行教材将数的认识和运算分离得较远，给学生造成了“要先认识数才能学习运算”的认知，并未将二者作为相织而行的线来进行学习，因此给学生造成了较大的学习负担，常常出现只认识数却不会列式，列式后也算不出结果的问题。以上述“整十数加减一位数及对应减法”一课为例，我将一年级当中的 3 个班进行了对比，其中，一（6）班按照教材顺序进行教学，数的组成和对应计算中间相隔了 6 个课时，一（8）班将对应计算安排在了数的组成下一课时进行教学，一（7）班将数的组成和对应运算安排在了同一课时教学。在学习后，对这三个班统一进行了一次计算测试，测试结果如表 1。可以发现，虽整体的正确率较高，但一（6）班的学生计算时出现了较多结果少了 10 或多了 10 的现象，还有将个位上的数字和十位上的数字写反，一（8）班和一（7）班的正确率相差不大，但在编题中，一（7）班编出的题目更多，说明对这一知识的理解更深一些。由此可见，对教材内容的适当调整，可以提升学生对于相关知识的理解程度，降低学生的学习难度。

表1 教材编排对计算正确率的影响统计

班级	课时编排	计算正确率	编题数量	典型错误
一(6)班	教材编排教学	91.42%	41人/30题	78－8＝80(算错)3人；69－9＝6(数位)2人
一(7)班	同一课时	92.65%	49人/44题	52－2＝49(看错)2人；34－30＝3(数位)1人
一(8)班	前后两个课时	91.88%	47人/40题	78－8＝80(算错)2人；34－30＝3(数位)3人

(二) 教师未进行系统性教学

部分教师对于新课标的理念理解不深刻，未深刻研究教材前后知识的关联，未在课堂中做思维的发展和延伸，就课教课，导致学生对数的认识是零散的，学一类，记一类，而没有形成知识网络结构。例如，在"大数的认识"一课中，教师仅仅按照教材内容的编写，组织学生对数位顺序表进行研究、记忆。看似热闹的学习过程，但学生最终对于这个知识的理解就只停留在记忆层面，自然就会在课堂后问出"那'亿'之后是什么单位?""可能会是'十亿'吧?"这就凸显出学生没有从根源上感受到这是数系的扩充和发展，没有感受到内在的一致性，自然也就没有对数的认识形成发展的思维。因此在进行相关内容的备课时，仍旧要有意识地强调教师对"计数单位""十进制"这样的大概念的学习和理解，还要进行"数与运算"领域的整体结构的梳理，以达到"一节课通一板块知识"的学习作用。

五、结语

总之，在数的认识和运算上，新课标给了我们一个准确的方向。我们不仅仅要做到数认识的一致性，还要在以后的运算中也做到一致性，更要在数与运算的一致性上下功夫，才能让学生感受到知识之间的紧密联系，才能让数与运算成为一个真正的整体。

参考文献：

[1] 刘金花．例谈小学数学数与运算一致性的教学探究 [J]. 数学教学通讯，2024 (1)：58－59＋62.

[2] 巩子坤，史宁中，张丹．义务教育数学课程标准修订的新视角：数的概念与运算的一致性 [J]. 课程·教材·教法，2022 (6)：45－51＋56.

[3] 苗东军．强化关联和规律促进建构与创新——"认识更大的数"数学思考与整合设计 [J]. 小学数学，2023 (6)：43－45.

附录：人教版小学数学“数与运算”内容模块与目标体系整理

年级	内容模块	具体内容	目标设定	一致性逻辑与螺旋上升关系	关键课
一上	数的认识（20以内）	1—20数的认识、基数与序数	能用“一”为计数单位表示物体的数量，初步理解“满十进一”规则	起点：从“一”开始建立计数单位概念，为后续“十”“百”等扩展打下基础。	1.“10的再认识”
一上	数的运算（加、减法）	10以内加、减法，20以内的进位加法与不退位减法	能用“合并”“去掉”的动作解释加、减法意义，初步体会运算与计数的联系	以“计数单位不变”为基础（如5＋3＝8），理解相同单位相加、减的运算本质	
一下	数的认识（100以内）	100以内数的组成（几个十和几个一）	能用“十”和“一”两个计数单位分解数，理解“十进制”关系	扩展：从“一”到“十”，建立十进制层级，为后续多位数运算奠基	2.“100以内数的认识”
一下	数的运算（进退位）	20以内退位减法；100以内加、减法（口算、笔算）	能通过摆小棒理解进位、退位的算理（如“满十进一”“借一当十”），初步建立位值思想	通过“计数单位转化”（如10个一＝1个十）解释进退位，体现运算与计数单位变化的统一性	
二上	数的运算（表内乘法）	乘法的意义（同数连加）、2—9乘法口诀	理解乘法是“相同计数单位累加”（如$5\times3=5+5+5$）	转化：从加、减法的“计数单位累加”转向乘法的“单位量重复”，初步统一运算逻辑	
二下	数的运算（表内除法）	除法的意义（连续减相同的数）；利用乘法口诀计算除法	理解除法的意义；初步建立乘除法的互逆关系	除法是“基于减法的逆向均分”，感悟乘除法的算理均以“计数单位的操作”为核心，算法（如竖式）是算理的程序化表达	
二下	数的认识（万以内）	万以内数的组成（千、百、十、一）	能用多级计数单位（千、百、十、一）分解数，理解相邻单位间的十进制关系	层级延伸：将计数单位扩展至“千”，强化十进制结构，为大数运算、分数和小数学习作铺垫	3.“1000以内数的认识”

续表

年级	内容模块	具体内容	目标设定	一致性逻辑与螺旋上升关系	关键课
三上	数的运算（多位数乘法、万以内加、减法）	多位数乘一位数；三位数加、减法	能用竖式计算多位数乘除法，理解每一步的计数单位变化（如 $12\times3=10\times3+2\times3$）	算理贯通：将运算分解为不同计数单位的计算（如百位、十位、个位分别处理），统一整数运算规则	4.“多位数乘一位数的口算乘法”
	数的认识（分数的初步认识）	分数的初步认识（几分之一、几分之几）	能用分数表示不足1的物体数量	数系拓展：从整数到分数，都是源于现实生活中计数的需求	5.“认识几分之一” 6.“认识几分之几”
三下	数的认识（小数的初步认识）	小数的含义（十分之几）、一位小数加、减法	能将小数与分数互化（如 $0.3=\frac{3}{10}$），理解小数是“更小的计数单位”（十分位）	分数与小数关联：以“十分之一”为桥梁，初步沟通分数与小数的一致性（同为非整数计数单位）	7.“小数的初步认识”
	数的运算（整数的乘除法）	除数是一位数的除法；两位数乘两位数	均分：理解商的计数单位与被除数的计数单位的关系；会通过迁移多位数乘一位数的经验方法来计算两位数乘两位数	层级延伸：将整数乘法从多位数乘一位数，过渡到两位数乘两位数，为后面多位数乘多位数作铺垫，同时逐步感受乘法算理的一致性	8.“整十、整百数除以一位数”
四上	数的认识（大数）	亿以内数的认识、十进制计数法	能按“亿、万、千”等计数单位分级读数，理解“位值制”的无限扩展性	结构深化：从有限计数单位延伸到“级”（个级、万级、亿级），体会数系的无限性，为后续科学计数法作铺垫	
	数的运算（多位数的乘除法）	多位数乘多位数；除数是两位数的除法	理解并建构整数乘法的计算方法；理解除数是两位数的除法与除数是一位数的除法之间的联系和区别，能够将除数是一位数的除法的计算方法迁移到除数是两位数的除法中	算理贯通：整数乘除法算理算法的一致性	

续表

年级	内容模块	具体内容	目标设定	一致性逻辑与螺旋上升关系	关键课
四下	运算律	加法交换律、结合律；乘法交换律、结合律、分配律	能通过具体例子归纳运算律，理解“运算律的本质是计数单位不变下的重组”（如 25×4=4×25）	运算统一性：揭示所有运算（加、减、乘、除）均遵循计数单位不变原则，律的普适性为后续代数学习奠基	
	小数的意义和性质	小数的意义、小数的性质、小数点移动规律	能解释小数位数变化的本质（如 0.3→0.30，计数单位从十分之一变为百分之一，但数的大小不变）	小数与整数的一致性：小数和整数都是遵循十进制原则	9.“小数的意义”
	数的运算（小数的加法和减法）	小数加、减法，利用小数加、减法解决生活中的简单问题	学生能够理解小数加、减法的含义，学生能够正确地进行小数的加法和减法运算，包括对齐小数点、按位相加或相减、处理进位和退位等	小数与整数贯通：将整数运算规则迁移至小数（如竖式对齐小数点=对齐相同计数单位），强化数系一致性	10.“简单的小数加、减法”
五上	数的运算（小数乘除法）	小数乘整数、小数乘小数；积的近似值；小数除法、商的近似值	能通过“积的变化规律”推导算法（如 0.2×0.3=2×3÷100），理解小数乘法是整数乘法的计数单位缩放；理解小数除法的意义，掌握小数除法的计算方法	运算扩展：将整数乘法规则推广至小数，体现“所有乘法都是计数单位之间的运算”（如 2 个 0.1×3 个 0.1=6 个 0.01）；在学习整数除法的基础上，通过类比和迁移，理解小数除法的算理和计算方法，实现知识的逻辑延伸	11.“小数乘整数” 12.“除数是整数的小数除法”
五下	分数的意义与性质	分数的意义；分数的基本性质；分数与小数互化	理解单位“1”，分数是“以分子为个数、分母为计数单位”的数	分数与整数、小数统一：都是数，都是计数单位的累加和递减而来的；都可以表示数量的多少	13.“分数的意义”
	数的运算（分数的加法和减法）	同分母分数加、减法；异分母分数加、减法；分数加减混合运算	能用“分数单位”解释分数加、减法（如 $\frac{1}{5}+\frac{2}{5}=\frac{3}{5}$）	分数与整数、小数统一：分数运算同样遵循“相同计数单位相加、减”，与整数、小数运算逻辑一致	14.“同分母分数加、减法” 15.“异分母分数加、减法”

续表

年级	内容模块	具体内容	目标设定	一致性逻辑与螺旋上升关系	关键课
六上	数的运算（分数乘除法）	分数乘除法意义；分数四则混合运算	能解释分数乘除法的算理（如$\frac{2}{3}\times\frac{4}{5}=\frac{8}{15}$，即分子乘分子、分母乘分母，计数单位同步缩放）	运算逻辑整合：分数乘除法与整数、小数乘除法的核心逻辑统一（均基于计数单位个数与单位本身的运算）	16."分数乘整数" 17."分数除以整数"
六下	数的应用与拓展	负数初步认识；比例与百分数	能用数轴理解负数与正数的对称性；能将比例问题转化为分数运算（如$1:3=\frac{1}{3}$），体现数系的扩展与一致性	数系统一：将整数、分数、小数、负数纳入统一数轴，以"计数单位"和"运算律"为纽带，构建完整的数与运算一致性认知体系	18."认识负数"
	数认识与数运算的整理和复习	对小学阶段所有整数、分数、小数的认识和运算内容进行梳理	梳理知识网络，从整体上理解数的意义、理解四则运算的算理算法	构建完整的数与运算一致性认知体系	19."数认识整理与复习"（待研究） 20."数运算整理与复习"

“一致性”视域下的结构化教学探索

ISBN 978-7-5687-1686-4
9 787568 716864 >

湘潭大学出版社

定价：69.00 元